JN134781

美と破壊の女優 京マチ子

筑摩選書

美と破壊の女優　京マチ子

目次

美と破壊の女優　京マチ子

凡例

一、旧字体・旧仮名遣いは、新字体・新仮名遣いで表記した。ただし、知名度の高い監督や俳優の名前は旧字体のままにした場合もある。
二、章ごとに、映画作品名の初出時には（監督名、公開年）を併記した。
三、外国映画に関する表記は、作品名の後に公開年を記したが、製作された国と日本での公開年が異なる場合、（一九四九〔五二〕年）と表記した。これは一九四九年に製作国で公開され、五二年に日本で公開されたことを意味する。
四、引用文中の映画作品名が「」で表記されている場合、『』に改めた。
五、巻末のフィルモグラフィにおいて、小説などの原作がある映画のクレジットに「脚本」とある場合、そのクレジットにならって「脚本」と表記し、「脚色」とはしていない。

はじめに

大阪松竹歌劇団（ＯＳＫ）の踊り子だった京マチ子は、一九四九年に映画デビューすると、「肉体派女優」として類稀なる豊満な体と過激なパフォーマンスで戦後の日本人を圧倒した。そうかと思うと、今度はしとやかで古典的な日本女性を演じながら、あっという間に「国際派女優」となって国内外の観客を魅了していく。わずか五年たらずで、彼女は国際的にもっとも知られた日本の映画女優となったのである。

今日では、日本の観客も外国の観客も、京マチ子といえば、美しい着物をまとった封建的女性のイメージをもっていることだろう。事実、芸達者だった彼女は、和服を綺麗に着こなし、優美に踊る古典の女性を、もっとも美しく見せることができる当代一の女優だった。

だが、実はデビューしたての京マチ子は、このような日本女性とはまったくかけ離れた女性を演じていた。肉体をさらして男を堕落させるヴァンプや気性が激しい戦後派の女を彼女は多く演じた。妖艶な肉体美で男を誘惑し、屈服させてしまう。だが同時に、京マチ子には男性俳優にも負けない強さとかっこよさがあった。タバコを片手に啖呵（たんか）を切る、気に入らない相手を睨（にら）みつける、いきなり殴りかかる。かと思えば、おどけた身振りでコミカルなダンスを踊ったり、レヴュー劇場で激しく脚を振り上げたり、きらびやかな衣装で観る者を瞠目（どうもく）させるほど美しく舞ってみせる。

こうした初期の京マチ子は、誰よりも生き生きとしていたし、独特な明るさと華やかさをもっていた。颯爽と登場するシーンは、どの役者よりも、群を抜いてかっこよかった。

抜群のプロポーション、開放的な雰囲気と華やかなイメージ、刺激的で破壊的なパフォーマンス。戦前にはなかったタイプの新しい映画女優の登場であることは、誰の目にも明らかだった。躍動感みなぎる彼女の肉体は新時代の到来を予感させた。

肉体ブームが巻き起こり、女性の裸体と性風俗の記事を多く掲載したカストリ雑誌が大流行するなか、京マチ子は敗戦後の世相を全身で体現していた。スクリーンの彼女は、戦中に抑圧されていた若者たちの鬱積したエネルギーを、自分の肉体を目いっぱい解き放つことで代弁してみせた。それまでにはなかったヴァンプ、戦前の価値観をもちあわせない無軌道なアプレ娘――。戦後の観客は、彼女の新しいイメージを熱狂的に受け入れた。誰も真似できないようなパフォーマンスと存在感で、戦後日本のスターダムを一気に駆け上がったのである。

驚くべきことに、そのスターイメージはあっという間に一変してしまう。

映画デビューの翌年に出演した黒澤明の『羅生門』（一九五〇年）をはじめ、『雨月物語』（一九五三年）や『地獄門』（一九五三年）といった時代劇映画が、次々とカンヌやヴェネツィアの国際映画祭で賞を受ける。ローカルな世界からグローバルな世界へ。レヴューダンサーとして大阪の劇場で脚を振り上げていた少女は、瞬く間に世界的に知られる大女優になったのである。

現在のように娯楽が多様化していなかった当時の日本にあって、大衆娯楽の中心は映画だった。このときほど、日本人が映画スターに熱狂した時期はない。京マチ子は、敗戦による荒廃から日本が立ち直り、高度経済成長期へと突入するのとぴったり重なり合うようにスターダムにのし上がり、二つの顔を使い分けて、「日本映画の黄金期」を最前線で支えていた。

彼女が活躍していたのは主に一九五〇年代、当然私はリアルタイムで観たわけではなく、巨匠の回顧上映や大映の女優特集などで観たにすぎない。では、なぜそれほどまでに京マチ子に惹(ひ)かれていったのか。ごく私的な経験から書き起こしてみようと思う。

*

映画の仕事にたずさわりたいと思っていた私は、高校を卒業して、日本映画学校——現在は日本映画大学、日本初となる映画学部のみの単科大学——に進学した。ちょうど二〇〇〇年のことである。学校では古い映画を観る機会が多く、ハリウッド映画(スター中心の娯楽映画)の熱心な観客として九〇年代をすごした私にとって、古い白黒映画は退屈だった。とはいえ、映画を学ぶ学校に通っている手前、名画と呼ばれるような昔の映画をレンタルで借りてきて観ることもごくたまにだがあった。

京マチ子に出会ったのは、その頃である。

衣笠貞之助の『地獄門』はカンヌ国際映画祭でグランプリを受賞した作品というから、多少は期待していたものの、長谷川一夫は力みすぎていてむさ苦しいし、物語自体つまらなくて体感時間が異様に長かったのを覚えている（実際は八九分しかない）。

ただ、そのときヒロインを演じた京マチ子のことは、わりとはっきり覚えていた。平安時代の封建制度のなかで、最愛の男に命を捧げる古風な姿にリアリティがまったくなく、どこか遠い過去における空想の女性像を思い起こさせたからだ。ゆっくりとした所作、おっとりした発話、華やかな着物をまとい、美しい琴を奏でる封建女性のイメージは、それなりに新鮮だった。だが、いってしまえば、「はじめての京マチ子」は、その程度のものでしかなかった。

その後、作り手というより、作品を批評したり分析したりするのに夢中になって、映画評論や学術書をむさぼり読むようになった。昔の日本映画を観る機会も増えた。彼女が国際的にも評価の高い名匠の映画にたくさん出演した有名な女優であることがわかり、『キネマ旬報』の特集「20世紀の映画スター・女優編」で、日本女優の三位に選出されていることも知った。

そして、二十代半ばで私は、京マチ子に再び巡り会い、魅了されることになる。

世界的な名作である溝口健二の『雨月物語』も黒澤明の『羅生門』も、演出・撮影技法ばかりに目がいって、はじめは俳優のパフォーマンスのことなど注視していなかった。戦国時代や平安時代を舞台にしていることもあり、女性イメージという点では『地獄門』の延長線上にあった。だが、何度も観ているうちに、京マチ子の演技は他の役者にはない特別な何かがあると感じるようになった。

幽霊を演じた『雨月物語』では、能面のような無表情な顔が、観るたびに表情を変えるように思えた。ある時は、怨念を秘めてただならぬ雰囲気をまとい、ある時は、穏やかで喜びに満ちた表情、そしてまたある時は苦悩を湛えた弱々しい顔、これ以上ないほど妖艶さを醸し出す瞬間もある。何ともいえない不思議な魅力があった。

『羅生門』は、殺人に関わった四人の証人が、各人の都合のいいように事件を解釈して過去を物語るため、ある意味で京マチ子は「一人四役」をこなさなければならない。黒澤の演出に応えて、烈しい気性の女や封建的な弱々しい女、男を誘惑する魔性の女を見事に作り上げていた。彼女の目まぐるしく変化していく顔の不思議な造形や魅力によって、女優としての京マチ子は、私の内部でくっきりと像を結んでいった。

だが、京マチ子に完璧に魅了された決定的な要因は、実はこのような国際映画祭で高く評価された「芸術映画」によるものではなかった。大学に入って映画研究を本格的に志すことを決意した二〇一〇年頃、テレビで放映された『痴人の愛』（一九四九年）を偶然観たことをきっかけに一連の現代劇を観たときの衝撃がきわめて大きかったのである。

『痴人の愛』は、谷崎潤一郎の小説を映画化したものだ。世俗的なエロティシズムを前面に押し出していて、芸術的な雰囲気は感じられない。だが、京マチ子はスクリーンを通して、あふれんばかりのヴォリューム感をもって観る者に迫ってくる。その凄まじいエネルギーの放出は、『偽れる盛装』（一九五一年）や『牝犬』（一九五一年）、『あにいもうと』（一九五三年）で加速化していく。

これらの作品で彼女は、共演する女優だけでなく、男性俳優（森雅之と根上淳）にも何度も立ち向かっていき、何度も突き飛ばされる。むろん現代の映画にあって、女が男に戦いを挑むことは決して珍しいことではない。だが、彼女の身体の運動は、何か特別な力が宿っているように思えてならなかった。映画のなかの彼女は、感情をむき出しにして、誰かとぶつかり合い、もみ合いながら転がっていく。その迫力は「こんな女優はどこにもいない」といった感覚を抱かせた。そして、彼女の存在が、より古い日本映画（の女優の発掘）へと私を導くことになる。

テレビドラマにせよ映画にせよ、現代の映像は、観客を飽きさせないための工夫がいたるところに施されている。現代人を飽きさせないためだけに、ただ何となく動き続けるカメラ、スピード感のある編集のテンポ、ＣＧやＶＦＸによる視覚効果などなど。複数のメディアを同時に操作するのが自然なデジタル世代の視聴者／観客を相手にする製作者は、つねに映像を注視させるような刺激的な演出をおこなっている。事実、小津映画の固定カメラや溝口映画の長回しを、見るに堪えないという若者はかなり多い。こういった映像に取り囲まれているわけだから、古い日本映画が現代の若者を惹きつけなくなっているのも、頷ける話ではある。

だが、京マチ子のパフォーマンスには、それ自体に「刺激」がある。毒薬のような甘美な魅力と、何者にも服従せず、いかなる権威にも抗うような強靭な破壊力がある。この表象イメージは、まさに映画女優として生を授かった者のみに許される先天的な才能なのだと思う。

それからしばらく経って、さらにもう一度、彼女にうならされた経験がある。伊藤大輔の『いとはん物語』（一九五七年）を観たときのことである。いまでも信じがたいが、私は、京マチ子が出演していることは何となく頭にあったものの、中盤までその女優が京マチ子とは気づかずに観ていたのである。はっきりいえば、デビューしたばかりの京マチ子は、目鼻立ちがくっきりしたバタくさい印象もあって、不器用でぎこちなく見えることもあった。だが、彼女は瞬く間に成熟していた。名家の娘ながら醜い容姿に生まれた純真な娘を、それまでの京マチ子を微塵も感じさせず、完璧に造形していたのである。その彼女の豹変ぶりに、私は完膚なきまでに打ちのめされた。

このようにして、私はプリズムのごとく多様な光を放つ映画女優・京マチ子の魅力にとり憑かれてしまったのである。万華鏡のような変幻自在な顔、時代劇での、抑制され完全にコントロールされた身のこなしと、現代劇での、解放されたときの躍動する身体、女の情念をむき出しにする感情表現には、ただただ驚嘆するしかない。

当時の批評を見ると、同時期にいきなりスターダムに登場した三船敏郎とともに、しばしば雑誌で特集が組まれ、デビュー当初からきわめて評価が高かったことがわかる。肉体を売り物にするパンパンのような芸者や悪女、挑発的なアプレをたくさん演じたが、戦前派の男性批評家も、若い一般大衆も彼女の登場を歓迎した。それには本書で述べていくように、戦後の文化的背景や占領期の政治的状況が大いに関係している。

すでに述べたように、一九四九年のデビューからほどなくして、彼女は国際的なステージで活躍するようになる。『羅生門』への出演は、デビューからわずか一年半後のことである。同作はヴェネツィア国際映画祭でグランプリ（金獅子賞）を受賞、『雨月物語』はヴェネツィアで銀獅子賞、『地獄門』はカンヌ国際映画祭でグランプリと、短期間で彼女の主演作品が国際的に名誉ある賞を次々に取ってしまうのだ。

一九五〇年代前半、京マチ子は戦後派スターの王座に君臨していた。こうした稀有な存在にもかかわらず、映画作家の研究ばかりが盛んな状態が続き、俳優／女優はきちんと論じられずにきた。だが、近年ようやく俳優の意義も再認識され、原節子や若尾文子、あるいは山口淑子らが、タレント本のような軽佻浮華なものとしてではなく、歴史的背景や資料を踏まえて正当に論じられるようになった。映画スターがどれだけシンボルとして社会的に重要な存在であるか、彼らがどれほど観客に影響を及ぼし、文化を生み出しているか、あるいはナショナリズムといかに密接に関わっているかが、とらえ直されているのだ。

しかしながら、京マチ子に関しては、驚くほど忘却されたままである。映画史を振り返っても彼女のような女優は皆無だし、これから先も現れることはないだろう。何より京マチ子のスターイメージをとらえることで、映画作家を中心に見ていく以上に、くっきりと戦後の映画史を見渡すことができる。だからこそ、私たちは京マチ子に関する包括的な女優論へと到達しなければならない。もし、これらの京マチ子の出演作を観る機会があるならば、彼女の魅力のみならず、いまだ味わったことのないような、古い日本映画のはかり知れない魅力を実感できるに違いない。

*

京マチ子は「敗戦のヒロイン」だった。

改めてその点は強調しておきたい。戦後日本の都市にあふれた米兵相手の街娼のように、肉体をさらけ出してパンパンガールを演じた。戦前の規範をもち合わせない無軌道なアプレを演じた。スクリーン上の彼女は、伝統とか慣習といったものを、ことごとく打ち砕く。それが美しいだけの女優よりはるかに若い観客の心をとらえた。仮に日本が戦争に負けていなかったならば、女であれ男であれ、絶対に負けるものかと飛びかかっていく彼女の爆発的なエネルギーが、敗戦で打ちひしがれた多くの日本国民の感情を揺さぶることもなかっただろう。

艶やかな肉塊が、ところ狭しとスクリーンを転がっていく。初期の京マチ子の印象を形容するなら、こうした表現がもっともふさわしいだろう。それくらい、銀幕に映し出された彼女のイメージは強烈で過剰だった。

たとえば、木村恵吾の作品に『浅草の肌』(一九五〇年)と『牝犬』という映画がある。占領期に流行したエロ・グロが醸し出す雰囲気をそのまま映像化したような「肉体映画」だ。この二作品でレヴューダンサーを演じた京マチ子がはじめてスクリーンに登場するとき、彼女の肉厚な「脚」が最初にクロースアップされる。どちらの作品でも、京マチ子は「脚」から登場するのだ。続いてふてぶてしい顔。威勢よく啖呵(たんか)をきり、相手を罵り、喧嘩をはじめる。ほかの多くの作品でも彼女は共演者とよく取っ組み合いをする。だが、不思議なことに彼女が演じると画面に引き込まれると同時に爽快な気分になるし、ワンショットだけでもその迫力に圧倒されてしまう。

こういった娯楽映画で人気を博した京マチ子の魅力の本質は、国際的に知られた映画作家の作品――古典のしとやかな日本女性を静かに演じた芸術映画――からだけでは見えてこない。事実、外国人も現代人も、多くの観客が京マチ子の人気の源泉を誤解してしまっている。京マチ子は、そのグラマラスな肉体で男を堕落させる、妖艶な「ヴァンプ」としてスターダムを駆け上がったのだ。すなわち、徹底して〈日本的なもの〉を破壊することによって。

だが、彼女はすぐにそのイメージを反転させ、前近代の日本における、しとやかな大和撫子を演じて国際的な名声を獲得していく。いわば、国内向けと国外向けの二つの顔をもった。それだけではない。今度は、ハリウッド映画にヒロインとして出演してマーロン・ブランドやグレン・フォードと共演、それまで見せたことのないコメディエンヌ（喜劇女優）としての才能を開花させる。その次に撮った伊藤大輔の『いとはん物語』を観ると、多くの観客が目を疑うだろう。日本女性の古典美／西洋的な肉体美を体現してきた京マチ子が、「醜女（しこめ）」を見事に演じきり、まったく別人に成り代わっているからだ。

時代劇から現代劇、娯楽映画から文芸映画、芸道物から犯罪スリラー、喜劇から悲劇へと、京マチ子は変幻自在に姿を変えて、観る者を魅了する。万華鏡のごとく異なる表情を見せる不思議なペルソナ（仮面）と、重厚な肉体イメージから漏出するエロティシズム、格調高い静謐（せいひつ）な身振り。彼女が「国民女優」になりえたのは、多様な嗜好をもち、いろんな層で構成される映画ファンそれぞれの好みや欲望を包摂する力、いわば多様性が彼女の「顔」やパフォーマンスに備わっていたからだろう。

だが、残念なことにその魅力がまったく語り継がれてこなかった。

昭和の名女優だった高峰秀子は、自分の女優人生を振り返って、「日本映画のもっともいい時期に、もっともいい監督と仕事ができて幸せだった」と語った。同じことが京マチ子にもいえる。高峰秀子や原節子は溝口映画に出る機会がなかった。若尾文子は黒澤映画に出演していない。そんななか京マチ子は、日本の四大巨匠と称される黒澤明、溝口健二、小津安二郎、成瀬巳喜男の映画に主演している。

それだけではない。吉村公三郎、豊田四郎、清水宏、伊藤大輔、衣笠貞之助、市川崑、増村保造、三隅研次といった錚々たる名匠と一緒に映画を作っているのである。こんな女優は映画史を遡ってもどこにも見当たらないのだ。彼女の出演作をつぶさに観ていけば、日本の映画史が浮かび上がってくる。それほど映画の歴史において、重要なスター女優だったのである。

彼女は二〇世紀の間、グレタ・ガルボのように「伝説」にはならなかったし、原節子のように「神話」となることもなかった。だが、当時の日本映画界で、京マチ子の存在価値は誰も予想していなかったほど高まっていた。彼女は、敗戦のトラウマを乗り越えるに十分なほどの烈しいイメージを映し出し、古典を生きるしとやかな日本女性のイメージを世界へと差し出した。

そのスクリーンの魅力は、いま観てもまったく色あせてはいない。半世紀以上も前の映画でのパフォーマンスが、圧倒的な強度をもって、観る者に迫りくること。彼女の鮮烈な存在感に、私たちは驚きを禁じ得ない。たしかに現代の映画は、技術が進歩してダイナミックな映像を容易に撮ることができるようになったし、シャープな編集で飽きさせない刺激的な構成も可能になった。けれども、彼女のようにスクリーンの枠外まで突き抜けていくような「ヴォリューム」や「スケール」を感じさせる女優は見当たらない。その魅力はいまこそ改めて掘り起こされるべきだろう。映画が娯楽の王座を譲り渡した二一世紀、平成最後の年にしてようやく、京マチ子は神話となる。

＊

本書は、名匠というべき監督たちの演出に、京マチ子がどのように応えてキャラクターを造形していったのか、映画の黄金時代に量産された娯楽作品において、いかなるパフォーマンスで観客を魅了したのかを、映画の隅々まで余すことなくとらえて、体系的に映画女優・京マチ子を語り尽くすことを目指している。

序章では、見通しをよくするためにも、まずは「国民女優」とはいかなるものかを踏まえたうえで、彼女がヴァンプ女優として登場する前の映画スターダム、すなわち初期のスター女優の成立とその変遷を簡単に確認しておこう。第一章では、初期の彼女が一気にスターダムを駆け上がった「肉体派ヴァンプ」のイメージを、第二章では、一変して国際派女優として世界的な活躍をした時期の「グランプリ女優」のパフォーマンスを見ていく。第三章では、映画のイメージから離れて、彼女が他のメディアを通じてどのようなパーソナリティを作り上げていたかを検証することで、京マチ子の人気の源泉をとらえていく。

第四章では、当時の文芸映画ブームのなかで、彼女がいかなるイメージを作品にもたらして、原作とは異なる固有のキャラクターを造形したのかを分析し、第五章では、国境を越えるメロドラマで、どのような政治的イメージを担ったのかを見ていきたい。

第六章では、コメディエンヌとしてハリウッド映画で新たな境地を切り開いた京マチ子が、〈変身〉をどのように映像化したのか、すなわち、五〇年代後半から顕著になっていく、その卓抜な演技を見ていく。第七章では、彼女より後に大映に入社して日本のスター女優の頂点を争った若尾文子や山本富士子と共演した作品を中心に、いかなる死闘を繰り広げて女の情念を表現したかを分析する。

終章では、映画が斜陽化して製作本数が激減するなかで、六〇年代以降の京マチ子がどのような女優人生を送っていたのかに触れて、映画史における京マチ子の全体像を浮かび上がらせたいと思う。

序章 京マチ子の誕生前夜

1 「国民女優」と京マチ子

京マチ子は一九二四年三月二五日、大阪市港区八幡屋町に生まれた。本名は矢野元子。三歳のときに両親が離別、祖母の家に引き取られて母と祖母によって育てられた。小学校に入る頃に、ボタンの行商をしていた叔父のもとに母とともに引き取られた。行商の旅から戻った叔父に、よく少女歌劇を見に連れていってもらったという。親のいない寂しさと苦しい生活のなか、その華やかな劇場の空間は少女の唯一の救いだった。小学五年の春に見た「春のおどり」が彼女の人生に転機を与え、小学校を卒業すると、元子は夢の世界へと飛び込んでいくことになる。

当初、元子は宝塚音楽歌劇学校の試験を受けるつもりだった。だが宝塚は、入学してから三年間、芸事のほかに女学校程度の学科を履修することになっていた。彼女は勉強が大の苦手だったため、芸事を専門的に修業できる松竹少女歌劇団に方向転換して試験を受けることにした。[1]

一九三六年、数え年で一四歳のとき、大阪松竹少女歌劇団（一九四二年に大阪松竹歌劇団と改称）に入団。諸説あるが、東京のムーラン・ルージュの看板スターであった明日待子（あしたまつこ）にあやかって「京マチ子」という芸名を母がつけたという。ダンスを一生懸命に学びはじめた少女は、同年八月の「ハッピーフェロー」で初舞台を踏む。といっても、ダンシング・チームの一人として脚を振り上げるだけだった。最初の役がついたのが四〇年頃に出演した「春のおどり」のなかの「みどりのカーニバル」のケティ役、はじめてまともな台詞がある役を演じた大役であった。[2]

役がつくようになってから、一五円、二〇円と給料も上がっていったが、父のいない家だったため、彼女が大黒柱となるしかなかった。大阪劇場で踊り子としての日々を送り続けるも戦争が激化、一九四四年の大阪空襲で母娘二人で暮らしていた市岡の家の近くに焼夷弾が落ち、家は跡形もなく燃え上がり、焼け出されてしまう。湊屋町へ移ったがここも六月の空襲で全焼。知人を頼ってやっとのことで布施市に難を逃れたのが終戦の直後だった。そして、戦後[3]——。

一九四八年五月、京マチ子は東京浅草の国際劇場での公演で、黒人に扮して全身を黒く塗り、ブギウギを踊って注目された。それが山本紫朗（しろう）の目にとまって、同年暮に日劇の舞台へ。日劇公演「世界のクリスマス」のなかで「七面鳥ブギ」を踊りまくって脚光を浴びた。四七年に笠置シズ子のブギが大当たりして「ブギの女王」と呼ばれるようになった直後のこと、京マチ子は「踊るブギの女王」と呼ばれた。この日劇での公演のとき、水面下では大映からの引き抜きの話が進行中で、京マチ子は進路の選択を迫られていたという。四九年一月には同じく日劇の「歌う不夜

1——阿部真之助『現代女傑論——現代日本女性を代表する十二人』朋文社、一九五六年、二六九頁。
2——記事によって三九年から四一年の間でばらつきがある。
3——以上、京マチ子「わが生い立ちの記」、『新映画』一九五〇年三月、六六—六九頁を参照。ただし、史実と異なっていたり記憶が曖昧だったりして、それぞれの記事で食い違いもある。各記事を検証し、もっとも妥当だと思われるものをまとめている。

城」に出演。翌月に突然、大映専属になって華々しく映画界にデビューすることになる。

一九二四年、京マチ子が生まれた日の二日後に高峰秀子が生まれている。二九年に映画デビューして、戦前から天才子役スターとして活躍していた高峰秀子と、戦後派スターの京マチ子が二日違いの同い年というのは少々意外である。同じく戦前から五〇年代にかけてスター女優であり続けた二〇世紀を代表する映画女優・原節子は一九二〇年生まれ、彼女とも同時代人である。

京マチ子と同い年の女優に淡島千景（あわしまちかげ）がいる。一九二四年生まれの淡島は、宝塚歌劇団の娘役スターを経て五〇年に松竹から映画デビューした。京マチ子ときわめて似たキャリアをもつ二人は、戦後デビューの新人でいきなりスターになった女優である。「軽妙」な淡島千景に対して「ボリューム」の京マチ子。彼女たちは戦後風俗が生み出したアプレ役を演じ、戦前とは異なるイメージを投じて敗戦後のスターダムを駆け上がった。

京マチ子をよく知るファンは、彼女を「戦後派スター」と呼ぶことに異を唱えるかもしれない。なぜなら、戦争末期の一九四四年に『天狗倒し』（井上金太郎・小坂哲人）と『団十郎三代』（溝口健二）という映画に出演しているからである。だが本書では、やはり京マチ子は「戦後派スター」だと断言したい。

彼女は『キネマ旬報』のインタビューで、大映でデビューした『最後に笑う男』（一九四九年）のことを「あの作品が最初でした」と述べている。戦前にも『団十郎三代』に出演していることを指摘された京マチ子は、「でもそれは、まだ歌劇（大阪松竹歌劇団）に在籍の時で、つまみ出されたという感じでした」と語っている。[4] 本当の初出演映画である『天狗倒し』にしても、「意志とは関係なしに」賛助出演させられたという。つまり、彼女自身が本質的な意味でのデビューを一九四九年と位置づけているのだ。

それだけではない。京マチ子を「戦後派スター女優」だとするのは、彼女こそ〈戦後日本〉を体現した唯一無二の存在だからである。戦後復興と同時にスターダムに躍り出て、日本が経済成長に突入していくタイミングで国際的なステージへと活躍の場を広げていった京マチ子は、敗戦国日本の欲望を、そのまま引き受けて表象する媒体だったのだ。

彼女はここで二つの「欲望」を引き受けた。一つには戦前から戦中にかけて過剰な精神主義によって抑圧された「肉体の解放」の体現者として、もう一つには、国際社会での立場を失った敗戦国家としての日本が、再び自らのアイデンティティーを確立していく代弁者として。

何より彼女の肉体は、西洋に向けて差し出しても恥ずかしくない、対等に張り合えるかのような幻想を日本人に抱かせた。それほど京マチ子は、これまでの封建的な日本とは異質な「新しい」イメージをもたらした。映画監督・脚本家の新藤兼人（しんどうかねと）は、彼女が爆発的な人気を博した時期、

4――「インタビュー　日本のスター　第10回　京マチ子の巻――個性的な国際女優（前編）」（聞き手・水野晴郎）、『キネマ旬報』一九八四年三月下旬号、九一―九二頁。

「京さんの肉体のボリウムは戦前のナヨナヨとしていなければ美しくないと云う既成概念を完全に破ったね」[5]と話している。彼女は過去の美を切断してみせ、新たな規範を引き受けたのだ。

ところで、女優が国民国家のアイデンティティーを引き受けるというのは、一体いかなる事態だろうか。批評家の四方田犬彦は、『ユリイカ』の原節子特集に寄稿した「国民女優としての原節子」という論考で「人はいかにして国民女優となるのか」と問うている。

この称号にふさわしい女優の出現というより成立は、ある国家なり社会において映画産業が一定の興隆を見、大衆娯楽の王者として君臨していた時期にしか生じない、地域的にして歴史的な現象である。〔……〕老若男女を問わず、その共同体の成員がある信頼感のもとに、その女優の映像に牽引され魅惑されることが必要条件である。国民はメロドラマ的想像力に導かれながら、彼女を通して共同体への帰属感をいっそう強く体験する。彼女の魅力的な微笑を媒介として、社会の支配的イデオロギーが平然とその権能を確認する。要するに、国家なり民族のアイデンティティーをみごとに表象して余りある女優、それこそが国民女優の称号にふさわしいといえる。[6]

こうした条件に照らせば、厳密な意味での「国民女優」は、きわめて少ないことに気づかされる。映画産業が娯楽の頂点にあったのは、一気に大衆化を果たしていく一九二〇年代から三〇年代、戦争と敗戦によって国策に取り込まれる四〇年代、そして五〇年代のいわゆる日本映画の黄金時代と呼ばれた時期にかぎられる。

思いつくままにこの条件にあてはまる女優の名をあげれば、栗島すみ子、入江たか子、山田五十鈴、田中絹代、原節子、高峰秀子、李香蘭、若尾文子、山本富士子、美空ひばり、吉永小百合くらいだろうか。そしてここに、間違いなく京マチ子も含まれる。むしろ、京マチ子こそが本質的な意味での「国民女優」だといっても過言ではない。彼女は、誰よりもナショナル・アイデンティティー（日本民族の自己同一性）を体現していたからだ。

「国民女優」としてもっとも〈日本〉を引き受けていたと目されるのは原節子だろう。しかしながら戦後の彼女は、欧米など海外からのまなざしを意識して〈日本〉を演出していったというよりも、戦後、社会が大きく変わるなかで、戦後民主主義の指導者としての役割を担っていたかと思うと、すぐにそのイメージを反転させて、忘却された封建的な日本女性の美を、小津安二郎とともに作り上げていった。それはまるで、敗戦のトラウマを負った戦前派の人びとを慰撫するかのような自己充足的なイメージであった。ここが京マチ子と決定的に違う点だ。

戦後の「エロ・グロ」ブームを体現していたかと思うと、時を置かず『羅生門』を契機にその

5――吉村公三郎・新藤兼人［対談］「京マチ子さんへズバリ一言」、『映画ファン』一九五二年二月号、九一頁。

6――四方田犬彦「国民女優としての原節子」、『ユリイカ』二〇一六年二月号（特集＊原節子と〈昭和〉の風景）、七一頁。

名を海外に轟かせることで、京マチ子は日本の外側からのまなざしを一挙に集めることになる。いわば彼女のイメージは、日本国民が自己を確認するための媒体となりえた。言い換えれば、敗戦で国際的な立場を失った日本が、軍事力に代わる文化の力を使って、西洋に対する〈日本〉を演出＝表象し、それによって自己を再帰的に確認していくための文化装置となったのである。そういう意味で、五〇年代の彼女はまぎれもなく戦後日本を代表する「国民女優」だった。

ここでいったん京マチ子から離れて、戦前から戦後にかけてスター女優がいかにして誕生し、どのように変化していったのかを確認しておこう。

2　戦前・戦後の映画スター

日本の古典芸能の存在は、映画女優の誕生をかなり遅らせた。歌舞伎を中心とする舞台芸術と地続きにあった黎明期の日本映画は、女形、つまり男性が女性を演じていたからである。こうしたなかで、一九一〇年代後半の帰山教正を中心とする「純映画劇運動」は、映画固有の表現（活動弁士をなくして字幕を付すこと、様式的な演技からの脱却と「自然」な演技の追求、編集の技法によって視覚的に物語を伝えることなど）を求めるだけでなく、女形を排して「女優」の採用を推し進めた。

日本映画の改良を先導していたのは帰山ら一部の識者だったが、「純映画劇運動」のなかでも、とりわけ女優の採用は、観客にとっても早急に実現してほしい改革だった。なぜなら、アメリカ映画（とくにブルーバード映画）に出演する映画女優が見せるクロースアップの美しさは、当時の日本の観客を、かつてないほど圧倒していたからだ。したがって、日本における映画女優の誕生を阻むものは、ほとんどなかったといっていい。こうして映画女優は、一九二〇年代の銀幕を一挙に華やかにしていくことになったのである。

「日本映画の女優第一号」として知られるのは、花柳はるみである。彼女は、編集を駆使した物語の伝達や女優の採用など、純映画劇の試みとして帰山教正が一九一九年に撮った『生の輝き』や『深山の乙女』に出演した。とはいえ、この時期に誕生した映画女優は長続きしなかった。

日本で最初に国民的人気を獲得した女優は、松竹蒲田撮影所で製作された『虞美人草』（一九二一年）で魅力を存分に発揮した栗島すみ子だろう。貧しい娘が自殺する悲劇を描いた鈴木善太郎原作の『虞美人草』は、幼少期にアメリカに移住して映画の最新技術を学んだヘンリー小谷によって、アメリカ流の映画に仕立て上げられた。栗島の美しさや魅力は、クロースアップやスピーディなカッティング等、最新の映画的手法によって引き出された。彼女はそうした技術に演出されながら、一九二〇年代前半、もっとも人気が高い映画女優となったのである。

栗島がスターダムの頂点に君臨した時代は、ちょうどアメリカのスター女優が映画やファン雑誌を通じて日本に入ってきて、熱狂的な人気を博していた頃だ。そして、女形と違ってクロースアップで映し出される女優の身体や顔は、アメリカの女優と日本の女優の美の比較をうながすことになる。この時代の批評は、日本女性の身体を欧米の女性と比べることで、日本人に劣等感を抱かせたり、あるいは日本的な美しさを模索させたりすることになった。

　こうして日本の女優は、イメージとしての「日本的な女性」と「アメリカ的な女性」の間で引き裂かれ、ある者は「バタくさい」「洗練された」「日本人離れした」「個性の強い女性」と形容されたり、またある者は「従順な淑女」「古典的な日本女性」「伝統的な美」「古風な女」などと呼ばれたりした。

　映画にスターが誕生して間もない一九一〇年代、メアリー・ピックフォードは溌剌とした娘役で一躍ドル箱スターになり、「アメリカの恋人」と呼ばれたが、それになぞらえて、批評家の森岩雄が、栗島すみ子を「日本のスウィート・ハート」と称し、なよなよしい繊細な美しさを評価したのは一九二三年のことである。[7]こうした栗島の可憐なイメージは、一九二〇年代後半に妖婦やヴァンプなど多様な役を演じることで次第に変化していく。興味深いのは、アメリカの女優――フランスでもドイツでもなく――をつねに参照しながら、日本女性の美が判断されている点だ。このような評価基準はこの時期のみならず、戦中から戦後にかけても一貫して存在した。

　一九二〇年代後半から三〇年代前半にかけて人気を誇ったのは、夏川静江、入江たか子、岡田嘉子、田中絹代、山田五十鈴などである。一九三〇年代後半から四〇年代前半にかけては、原節子や高峰三枝子、花井蘭子、轟夕起子らが高い人気を博し、子役からすでに広く知られていた高峰秀子の人気もこの時期に国民的なものとなる。ここには日本人でありながら中国人と偽り続け、数奇な人生を送った女優、すなわち満映スターとして日中の映画に出演し、一世を風靡した李香蘭の名も加えなければならないだろう。このなかでも、とくに長きにわたって人気を保った入江たか子、田中絹代、山田五十鈴、高峰秀子、原節子に簡単に触れておく。

入江たか子（一九一一―九五）は、本名を東坊城英子（ひがしぼうじょうひでこ）といい、子爵の家に生まれた。一九二七年に日活に入社して同年に公開された『けちんぼ長者』（内田吐夢（とむ））で映画デビュー。その後、二九年に公開された内田吐夢の『生ける人形』や溝口健二の『東京行進曲』などに次々と出演、美しく整った涼やかな顔立ちと、華族出身の高貴なイメージをまとい、「モダン」で洗練された「新しさ」を提示した。三一年には『日本嬢（ミス・ニッポン）』（内田吐夢）でヒロインを演じ、名実ともに日本一の美人として映画界に君臨した。その翌年には独立して入江プロダクションを設立。溝口健二を監督に迎え入れて製作した『瀧の白糸』（一九三三年）では、都会的なモダンガールや金持ちの令嬢というイメージの強かった入江が、泉鏡花原作で明治物の新派悲劇に挑戦した。その役柄を演じるのは無理があるとの声もあったが、いざ封切られると、「見事に古風な役を生きた」、「もっとも近代的な女優を明治の女にした」などと、入江の演技に批判家から多くの讃辞が寄せられた。入江たか子という女優は、スクリーンのなかを歩いているだけで、不思議と優雅な雰囲気で周囲を包み込んでいく。気品の高い、清楚で明るいイメージをもつ入江は、西洋の理知的な美しさも、日本の古風な美も体現できた。このような両義的な美貌は、一九三五年にデビュ

7――森岩雄「映画俳優としての栗島すみ子」、『活動画報』一九二三年六月号、七一頁。

ーする原節子へと受け継がれていくことになる。

田中絹代（一九〇九―七七）は、一九二四年に松竹に入社して野村芳亭（ほうてい）の時代劇『元禄女』でデビュー。同年の清水宏の『村の牧場』で、はやくも主演に大抜擢された。五所平之助の『恥しい夢』（一九二七年）が出世作となって、小津安二郎の『大学は出たけれど』（一九二九年）では可憐な娘役を好演。当時の人気は栗島すみ子をしのぎ、サイレント期の松竹蒲田を代表するスターとなった。日本初のトーキー映画『マダムと女房』（五所平之助、一九三一年）では、甘ったるい声で全国の映画ファンを魅了した。決して美人ではないものの、不屈の精神で演技に情熱を注ぎ続け、清純な娘役から軍国の母親役までこなした彼女は、戦前の映画界の頂点にのぼりつめた。三五年には松竹の大幹部に昇進、同時期にもっとも人気の高かった上原謙と主演したメロドラマ『愛染かつら』（野村浩将、一九三八年）は空前の大ヒットを記録し、無声映画時代を完全に終わらせる。国民的映画のヒロインを演じた彼女は「国民女優」として大いに存在感を示した。

山田五十鈴（一九一七―二〇一二）は、一九三〇年に日活に入社、同年に公開された渡辺邦男の『剣を越えて』でデビューして注目を浴びた。その後も、伊藤大輔、内田吐夢、伊丹万作、山中貞雄ら一流監督の作品に立て続けに出演して人気を博した。面長な顔で伝統的な日本美人といった趣きを湛え、洋装よりも和服がしっくりくる女優である。田中絹代が努力の女優だとすれば、山田五十鈴は天賦の才を授かった生まれながらの映画女優といえる。可憐なヒロインから芸者役まで多くの役柄を演じ、卓抜な演技力を見せた。とくに三六年に公開された溝口健二の『祇園の姉妹』と『浪華悲歌(エレジー)』は、彼女の演技派女優としての評価を決定づけた。

原節子(一九二〇―二〇一五)はデビュー後ほどなくして、ハリウッドでも活躍していたドイツの映画監督アーノルド・ファンクに大抜擢され、日独合作映画『新しき土』(一九三七年)に出演、キャリアもない未熟な少女が一躍スターダムへと祭り上げられた。戦中の国策映画では、男性や国家に尽くす女性を演じ、もっとも出演作の多い島津保次郎(やすじろう)や山本薩夫(さつお)の映画では意志の強いモダンな女性を演じた。洋服でも和服でも調和する容姿とたたずまいによって、しとやかで古典的な日本女性や先進的で個性の強い女性を演じ分けた。戦前からスターとして活躍し、その知名度は圧倒的だったものの、彼女が日本国民からもっとも切望された時期は、映画が民主主義を啓蒙する役割を担った敗戦直後の占領期だった。[8]

高峰秀子(一九二四―二〇一〇)は、一九二九年に野村芳亭の『母』でデビュー。天才子役として、瞬く間に広く知られる存在となった。名子役は大成しないというジンクスを見事に打ち破った女優である。高峰秀子といえば、その「名コンビ」として成瀬巳喜男か木下惠介の名前をあげる者が多いだろうが、戦前から戦中にかけて彼女をスターダムの頂上へと押し上げたのは、山本嘉次郎(かじろう)である。三八年に公開された佐藤武の『チョコレートと兵隊』と山本嘉次郎の『綴方教室』で

8――なぜ占領期に原節子の人気がもっとも高まったのかを社会的・文化的条件に即して分析したものとしては、北村匡平『スター女優の文化社会学――戦後日本が欲望した聖女と魔女』作品社、二〇一七年を参照されたい。

人気を博すが、彼女の人気を決定的なものにしたのは山本嘉次郎の『馬』（一九四一年）だった。彼女は戦後、木下恵介の『二十四の瞳』（一九五四年）と成瀬巳喜男の『浮雲』（一九五五年）という国民的映画への出演によって、「国民女優」の頂点へと再び返り咲くことになる。

ところで、女性イメージの美の変遷という観点から戦中から占領期までを考えるならば、軍国の女性から戦後民主主義のミューズへと転身できた戦前派のスター女優は、原節子、高峰秀子、高峰三枝子などである。田中絹代や山田五十鈴は、その日本人的な顔やそれまでに作り上げてきた封建的なイメージをぬぐいさることができなかった――もちろん彼女たちは演技派女優として確固たる地歩を築いていく。戦前から戦後へと政治体制の転換にともなって美的規範も変容し、それまでの受動的で献身的な女性イメージではなく、知的で意志の強い能動的な女性イメージが求められるようになったのである。

占領期は既存の規範がことごとく打ち砕かれ、理想的な女性像も大きく変化した。そのような地殻変動のなか、戦後派スターとしてまず頭角を表した「第一世代」といえるのが、京マチ子、淡島千景、津島恵子であった。

敗戦によって解放と貧困が押し寄せるなか、京マチ子はいかなるイメージをともなってスクリーンに現れたのだろうか。次章では、「肉体派女優」として鮮烈なイメージを銀幕に投じた彼女が、「日本女性」なるイメージをどのように破壊していったのかを初期の作品から見ていこう。

第一章 肉体派ヴァンプ女優の躍進

1　『痴人の愛』の衝撃――ナオミという女性表象

戦中に二本の松竹映画に出演したものの、敗戦後もしばらく京マチ子は、大阪松竹歌劇団の踊り子として活動していた。そんな彼女が大映から大々的に売り出されて映画デビューを飾るのは一九四九年のことである。

敗戦後、ニューフェイスと称した新人を求める映画界のスター探しは、各社とも熾烈をきわめていた。ある日、大阪松竹歌劇団の幹部スターが大映から引き抜かれようとしていた。当初、大映の目当ては京マチ子ではなく、歌劇団の上級生である勝浦千浪だった。日舞が達者で男装も似合い、時代劇・現代劇ともにできそうだという評判を聞いた大映の企画本部長だった松山英夫は、京都座に出演していた勝浦に座談会という名目で接触しようとしていた。

当日、勝浦の都合を確かめるために、京都座にいって、客席からふと舞台を見ると、スラリとした豊満な踊り子が目に映った。名前を聞くと「京マチ子」だという。今夜、もしよければ彼女も一緒に連れてきてくれないかといって、松山は渡月亭へと引き上げた。実際に会ってみると、ニキビが吹き出た顔と大阪弁丸出しの京マチ子に、松山は内心がっかりしたという。だが、せっかく来てくれたからということで、翌日、勝浦の次の出番までの短い時間を使って、二人のカメラ・テストがおこなわれた。助監督だった加戸敏がそのテストに立ち会ってフィルムをまわした。

そして、結果的に引き抜かれたのは京マチ子の方だった。

出来たのを見ると、フィルムというものは不思議なもので、勝浦の動作はすっかり舞台の型にはまっていて、自由な映画俳優としての表情に乏しい。それに引きかえ京マチ子の、何とみずみずしい姿態の美しさであろうか。松山が不覚にも、いやらしいニキビと思ったその顔から、何とも云えぬ色気がこぼれている。企画部の連中をはじめ、監督たちもウムとうなった。「これはいける!」早速永田社長にも話し、京マチ子に白羽の矢が飛んだ。[1]

彼女が映画界に入ったのは、こうした偶然の成り行きだった。松山自身も当時、京マチ子を映画に連れてきたのは自分であると断言して次のように話している。

ちがう人を連れてくるつもりで、舞台をみにいったら、横で踊ってる人が眼についた。なにしろヴォリュームがある。あの子はいいなと思ったら、松竹にでて失敗した子だからおやめなさいというんだ。それを押して内緒でテストをさした。顔にはニキビだらけ、大阪弁だし、アクもぬけてない。しかし磨かれていない玉のような魅力があるんだ。荒けずりだけど、

1——田中純一郎「京マチ子の哀愁——現代女優伝」、『小説新潮』一九五八年四月号、六〇頁。

これはみがけば光る玉になる。そう思って契約した。[2]

松竹での「失敗」とは、一九四四年に出演した二作のことだが、脇役で出演したはじめての映画『天狗倒し』のクレジットでは「大阪松竹歌劇団より」に続けて「お美津（京マチ子）矢野元子」と本名も表示されている。髪を結い着物姿で桑野通子（みちこ）の妹役を演じた彼女は、あどけない顔とかよわい声のなよなよした娘役、まったく京マチ子の潜在力が活かされていない。だが、当時は戦時体制にあって、映画も厳格な検閲の対象となっていたし、本編がはじまる前に「撃ちてし止まむ」というスローガンが挿入されるような状況にあるなかでは、彼女が肉体をあらわにする「英米的」な表現など望むべくもなかった。

彼女が本格的な映画デビューを果たすのはそれから五年後、すなわち、敗戦から四年後のことである。大映第一回作品は、二本柳寛と一緒に新人デビューを飾った『最後に笑う男』（安田公義、一九四九年）で、歌と踊りが好きでたまらなかった京マチ子にぴったりの踊り子役である。このとき彼女は「レヴューの女王」として売り出された。

続く『花くらべ狸御殿』（木村恵吾、一九四九年）は、戦前から何度もリメイクされた「狸御殿シリーズ」の一本、いわゆるミュージカル映画である。この作品は、京マチ子のプロトタイプをかたちづくったという意味で重要な映画だ。まず京マチ子の肉体の魅力を最大限に引き出して、彼女の人気を確立することになる木村恵吾に出会ったこと、そして男性を虜（とりこ）にする魔女・愛々（あいあい）を演じたことである。ここで演じた悪女のイメージは、妖艶な美貌と豊満な肉体で男を堕落させていく「宿命の女（ファム・ファタール）」としての京マチ子の原形にほかならない。すなわち、「肉体派ヴァンプ女優」の誕生を決定づけた映画だったのである。

映画デビュー時は年四本の契約だったが、人気の高さからその年のうちに新たな契約が結ばれ、翌年以降、倍近い本数をこなしていくことになる。転機はすぐに訪れた。一挙にスターダムに押し上げるぴったりの役柄に出会ったのだ。それが、谷崎潤一郎が創造して社会現象となった、ナオミという女性である。

谷崎潤一郎が一九二三年から二四年にかけて書いた問題作『痴人の愛』は、教育＝調教によって女をモノのように育てようとする男と、日本人離れした肉体的魅力をもち、自由奔放に暮らす女との関係を描いた小説である。カフェーで女給をしていた一五歳の少女ナオミに目をつけた譲治が自分の理想の女に育て上げようとするが、次第にナオミに翻弄され、その肉体美に溺れていく。ナオミは西洋風の顔立ちをしており、その抜群のスタイルとセクシュアルな肉体によって男を服従させるのである。

小説の『痴人の愛』をもっとも特徴づけるのが、海外の映画女優や西洋人のイメージを媒介としたナオミの身体の描写、すなわち、徹底して具体的なパーツ——髪、眼、鼻、口、唇、耳、指、

2——「編集部が追跡した！　京マチ子の秘密」、『映画新潮』一九五一年一一月号、一一二頁。

肩、頸、尻、皮膚、血管、脚など――へのフェティッシュなまでのまなざしだ。本作が一九二三、二四年の新聞と雑誌への連載後に改造社から単行本として出版されたのは翌二五年、まさにアメリカの映画女優たちが日本でも熱狂的に受け入れられ、日本映画界でも国産の女優を誕生させようと躍起になっていた時期である。

新興娯楽としての映画を享受した最初の世代である谷崎潤一郎は、さまざまな映画を鑑賞し、その体験を作品に反映させたといわれている。実際、谷崎の小説には、映画的な描写が基調をなす箇所が少なくない。たとえば、ナオミの肉体を想起する次のような描写である。

活動写真の「大映し」のように、部分々々が非常に鮮やかに拡大される、………その幻影が実感を以て私の官能を脅やかす程度は、本物と少しも変りはなく、物足りないのは手で触れることが出来ないと云う一点だけで、その他の点では本物以上に生き生きとしている。

（二六章）

まさに眼がカメラとなって女体をクロースアップするかのような感覚で表現しているのだ。また、谷崎文学には、実在する女優や映画が多く出てくる。『痴人の愛』でも、彼が観た同時代の映画女優――たとえばアメリカで当時、人気を博していた女優メアリー・ピックフォード――が登場する。すでに一章においてナオミの顔立ちは「活動女優のメリー・ピクフォードに似たところがあって、確かに西洋人じみていました」と描写され、その後もピックフォードの名を何度も持ち出してナオミと重ね合わせている。

「ナオミの成長」――と、その日記にはそう云う表題が付いていました。ですからそれは云うまでもなく、ナオミに関した事柄ばかりを記したもので、やがて私は写真機を買い、いよいよメリー・ピクフォードに似て来る彼女の顔をさまざまな光線や角度から映し撮っては、記事の間のところどころへ貼りつけたりしました。(五章)

譲治は「西洋人の前へ出ても恥ずかしくないようなレディーにおなり、お前ならきっとなれるから」(五章)などとナオミに語りかける。西洋に対する憧憬と屈折した劣等意識をもつ譲治のまなざしによって、ナオミは海外の映画女優と二重写しにされる宿命の女なのである。

だが、谷崎のこの小説を映画化するにはハードルがいくつかあった。当時は敗戦後と違って、とりわけ女性の描写に関する検閲は厳しく、戦前のジェンダー規範からすれば、谷崎のエロティシズムは映画化するにはあまりに刺激的だった。事実、何度も映画化が計画されながら実現することはなかったという。ようやく映画化が決定したのが、カストリ文化ともいわれ、エロ・グロ風俗が流行した戦後の占領期であった。

それ以上に難しかったのが、人口に膾炙(かいしゃ)したナオミという女性を日本の女優が演じることができるのかという問題である。文字媒体であれば、読者が想像すればよいが、映画とは具体的な身体をともない、それを一つのモノとして観客の眼に映し出してしまうメディアだ。だからこそ、メアリー・ピックフォードのような西洋的な美貌と、男を溺れさせる絶対的な肉体美が必要不可欠だった。この厳しい条件を満たす女優は、戦前にはいなかったし、占領期においても京マチ子しかいなかったのである。そのことを、撮影に入る直前に書かれた当時の言説から確認してみよう。

この秋の問題作『痴人の愛』のナオミの役は、彼女にとっても大きな試金石であり、また、企画者としても是非成功させなければならないものなのである。／彼女が、ナオミとして必ず成功するであろうと思うところのものは、京マチ子という女性が、谷崎先生の描かれたところのナオミという女性と外貌的条件がピッタリと符合する点である。ナオミの性格表現が外貌的条件だけで解決されるものでないことは勿論であるが然し、何といっても外観的に云って、ナオミらしいナオミの姿態を求めるとしたら、現在の映画界を眺めまわしたところ京マチ子以上のものを発見することは一寸困難だろうと思うほど京マチ子はナオミ的な存在である。[3]

戦後の映画界において、ナオミを体現できる女優は京マチ子しかいなかった。もちろん、映画化にともなう造形上の違いは多少はある。たとえば、小説のナオミは、かなりの活動写真好きに設定され、足しげく映画館に通う。映画を観る際にナオミは女優の動作に注視し、笑い方や眼の動かし方、髪の束ね方を巧みに模倣する。

後半の彼女の変貌は、欧米のスター女優たちがスクリーンに投じる瞬間的な仕草や振る舞いによってかたちづくられているのだが、このような西洋の女優から形成されていくナオミは、映画では描かれていない。あるいは、小説では「十五の歳から彼女の体は、ずんずん伸びて行ったけれど、この足だけはまるで発達しないかのように依然として小さく可愛い」(二二章)と描写されるものの、映画における京マチ子の「脚」は、肉厚で重みのあるモノとして差し出される。むしろその肉体で、原作のイメージを完全に消去してしまうほど強烈なインパクトを与えるのだ。それでは、彼女が実際にどのように演出されているのか、映画における京マチ子の肉体描写を具体的に見てみよう。

＊

同僚の誘いを断った譲治(宇野重吉)が、家に帰ってきて何度も「ナオミ」と呼びかけるが何の返事もない。しばらくして電話が突然、鳴り響く。すると、「いいのよ、わたしよ」といってナオミが二階から階段を駆け下りてくる。カメラはその階段をとらえ、美容体操のために下着と

3——清水龍之介「京マチ子論」、『大映ファン』一九四九年一〇月号、三一頁。

おぼしき服を着た京マチ子が「脚」からフレームインしてくる。友人との電話が終わった途端、彼女は「パパ、スクーター買って」と懇願しはじめる。経済的に苦しいからと反対されると、「ねえ、パパ。私、また太ったでしょ?」といいながら、豊満な肉体で男を溺れさせてしまう。

彼女の内面を成長させようと教育している譲治が、英語を教えるシーン。覚えの悪いナオミに対して彼が不満を爆発させると、彼女はノートを引き裂いて投げ捨てる。「謝らないならいますぐここを出ていけ」と怒鳴る男に対し、彼女はおもむろにタバコをくわえて火をつける。「謝れ!」と何度も叫ぶ男に、「出ていっていいの?」と余裕の応答、彼女は颯爽と煙を吐き出しながらドアの近くまで歩いていって振り返る。ガウンからのぞかせる艶美な片足、カメラがフルショットで京マチ子の伸びやかで健康的な肢体を映し出すと、勢いよくドアを閉めて出ていってしまう。

戦前・戦中をとおして、このようなパフォーマンスのできる映画女優は見当たらなかったし、一九五〇年代を通しても、バタくさい振る舞いがこれほどさまになる日本の女優は、京マチ子以外にほとんどいなかった。映画における京マチ子の肉体イメージは、西洋的なるものを内面化し、日本的な女性の身振りを徹底して排除しているのだ。

喧嘩をして出ていき、夜中まで遊び明かしたナオミが家に帰ってくると、ふてぶてしい態度で譲治を押しのけ、ソファに脚をかけてストッキングを脱いでいく。その肉付きのいい脚がクロースアップされると、譲治は顔を埋めて「出ていかないでくれ」と懇願する。男はナオミに馬乗りさせることで彼女の赦しを得ることになる（図1−1）。京マチ子の蠱惑的な脚は、この後、いっそうフォーカスされる。

図1-1

『痴人の愛』（木村恵吾，1949年，大映）

たとえば、ナオミが遊び仲間である浜田や熊谷を自宅に招き入れる場面。熊谷を演じる森雅之とのチークダンスを見せつけられた譲治が嫉妬にかられ、二階の蚊帳のなかで横になっている。仲間たちがみな帰って、譲治のそばへやってきたナオミが蚊帳の外でタバコをふかしながら、たまには刺激になるからと彼をからかう。彼女は蚊に刺された脚を蚊帳のなかに差し入れると、「パパ、ここ掻いて」とせがむ。そのアクションをつないでカメラは蚊帳のなかへと移動、男の顔の横へと京マチ子のふくよかな脚が差し出されるのだ。

自分の思い通りに育てようとする譲治

に対して、ここで発せられる「男の思い通りにはいかないわよ」というナオミの言葉は、戦中には国家や男の犠牲となり、戦後になると男女平等と民主主義を教化された女性たちに強く響いたはずだ。この直後、終電を逃した仲間たちが戻ってきて、蚊帳のなかで戯れるが、アザラシと罵られたナオミは、仲間の男へ向かって「ウォー」と奇声を発して飛びかかっていく。このように男であろうと構わずに立ち向かっていく、ムッチリとした肉体から繰り出される彼女のパフォーマンスには、同時代の女優には見られない固有の「強さ」があった。

映画の結末は、小説とはかけ離れている。はっきりいえば、日本人に深く刻み込まれた劣等意識の表出や屈折した美意識は削ぎ落とされ、谷崎文学に見られるマゾヒズムや耽美主義的な芸術性は徹底して通俗化されている。小説では家を出たナオミがよりいっそう西洋化して美しくなり、「お友達」として譲治の家へやってくる。彼女の美に屈服した男は、馬乗りになってもらい赦しを請う。ところが映画の結末では、自らの態度を反省したナオミが、男に「堪忍して」と謝り続けて自ら馬になってしまうのだ。このようにして占領期の「男女平等」のイデオロギーのもとで翻案された通俗映画は、二人の関係を対等にしてハッピーエンドを迎えるのである。

私はここで映画の通俗化を批判したいわけではない。そもそもこの企画の趣旨自体が、谷崎文学におけるエロティシズムや特異な人間関係を描き出すことではなく、京マチ子の肉体美を売り出すことにあった。とりわけ京マチ子の「脚」は、具体的なパーツとして何度も焦点化されている。小説では、ほかの部位以上に「脚」がフォーカスされることはないが、映画にあっては、肉厚な彼女の「脚」がクローズアップされるのだ。京マチ子のような蠱惑的な肢体によるパフォーマンスは、戦前の規範や検閲のもとでは不可能であった。こうした戦前の制限からの解放、肉体のイメージの氾濫、京マチ子の凄艶な肉体、こうした条件が満たされることで、彼女は観客が欲望するイメージを戦後日本のスクリーンに差し出すことができたのである。

占領期にはすでに、「肉体」が消費される条件が整っていた。肉体を通してパンパンガールたちが感情をぶつけあう『肉体の門』を田村泰次郎が執筆したのは一九四七年。田村の肉体文学は文壇を席巻する。また、身体の生理に根ざしているような欲望を、戦前の過度な精神主義から解き放つべく「肉体の解放」を説いたのが、同年に出版された坂口安吾の『堕落論』（雑誌発表は四六年）である。こうした肉体ブームは、文学や思想の領域にとどまらず、大衆レベルにまで広がっていった。粗悪な再生紙に印刷されたカストリ雑誌――性風俗や猟奇犯罪の記事、ポルノ小説などを多く掲載したエロ・グロ雑誌――が大流行するのも占領期初期。女性の裸体の絵や写真が占領期を象徴する風景となっていった。

実際、映画化された『痴人の愛』は、「読売新聞」（一九四九年一〇月二二日付）の映画評で「谷崎潤一郎とは縁遠い「痴人の愛」カストリ文学版」と揶揄されている。大映は、五〇年代を通して純文学や中間小説を頻繁に映画化し、「文芸映画」としてインテリ層や女性観客へ向けて売り出すが、この時期は肉体ブームを当てこんで製作する映画が多かった。とくに『痴人の愛』は、その細部のエロティックな描写や結末の通俗化からしても、高級な芸術性を志向したのではなく、世俗的な大衆文化へ向けて京マチ子の肉体を押し出していたことがわかる。
精神から肉体へ――。敗戦後の日本人は、それまでの精神主義を否定して、「肉体の解放」を求めた。この時期に谷崎の『痴人の愛』が映画化されたのは、ある意味で必然だったといってよいだろう。たとえば、ナオミの肉体に惹かれていった主人公が、小説の地の文で告白する次のような一節を見てみよう。

そうです、私は特に「肉体」と云います、なぜならそれは彼女の皮膚や、歯や、唇や、髪や、瞳や、その他あらゆる姿態の美しさであって、決してそこには精神的の何物もなかったのですから。（七章）

敗戦直後の転換期に、異なる時代に生まれた谷崎文学のエッセンスがぴたりと符合していることがわかるだろう。このような時代に、京マチ子は映画のファン雑誌や大衆雑誌でどのように紹介されていたのだろうか。
『読切講談世界』という雑誌がデビュー直後の京マチ子にインタビューをしているが、そこに掲載された実話集のタイトルは「欲情のアカシヤ」「糞尿殺人事件」「乳房のブルース」「のぞかれた処女」「肉体の不能者」などで、これらの記事が卑猥な挿絵とともに並ぶ。それらに並んで京マチ子の記事が掲載され、肉体ブームやカストリ文化を揶揄したような京マチ子のイラストが添えられている。[4] 大衆雑誌『ラッキー』(一九四九年九月号)には「脚の明星 京マチ子」と題された記事が、脚や腹をむき出しにして踊る全身写真とともに掲載されている。

すい星のごとく、忽然として戦後の舞踊界にデビューしたと見るや、アレヨアレヨという間に、たちまち人気をあおり、今や押しも押されもせぬ「ブギ」ダンスの女王になりすました「ラッキーガール」京マチ子―身長五尺二寸五分、体重十四貫の豊麗な肉体美と、すんなりのびきった姿のよい脚の描き出すエロチシズムは若人の魂をとろかさずにはおかない。[5]

こうして「肉体」という言葉が氾濫した時代は、豊満な肢体をもつ京マチ子を、一挙にスターダムに押し上げた。身長が約一五九センチ、体重が約五二・五キログラムというのは、現代からすれば決して大柄なわけではないが、スクリーン上の京マチ子は、実際以上の存在感を放つ。木村恵吾は『花くらべ狸御殿』を撮った直後、『痴人の愛』の撮影に入る前に、京マチ子の印象を次のように語っている。

4――森田紀雄「お好みインタヴュー・ハリキリスター京マチ子さん訪問」、『読切講談世界』一九四九年一〇月号、一〇六―一〇九頁。
5――「脚の明星 京マチ子」、『ラッキー』一九四九年九月号[頁数の記載なし]。

私は彼女ほど演技者として肉体的条件に恵まれた女性をそう多く知らない。彼女のキャメラ・フェイスは素で見た彼女の容貌とは数段と立ち優って見える。殊に彼女の外見の肢体はその均斉のとれた線の美しさに於て、広く現在の日本の映画界を見渡してもその右に出る者は少なかろうと思う。[6]

これに似たようなことを共演者である宇野重吉も書き記している。

「痴人の愛」の中の、京さんが一人で写っている幾つかのカットには、僕の「譲治」など、どこかへすっ飛んでしまうような、実に見事な演技があった。僕はラッシュの時それを見て、一体全体京マチ子という女優さんは何者であろうかと、考え込んでしまったものである。しかも京さん一人が芝居をしている時に出て来るというのは、これはどういうわけであろう。[7]

彼女の肢体がスクリーンに投影する「ボリューム」感は誰の目にも明らかだった。カメラというテクノロジーを介すると、直接目にしたときの印象から大きく隔たった、スケールのある存在感が得られたのである。

デビュー当時の彼女はしばしば、『にがい米』(一九四九[五二]年)に主演したイタリアのスター女優で、強烈なセックス・アピールと躍動感のある肉体をもったシルヴァーナ・マンガーノと比較されもした。京マチ子が比較される相手は国内の女優ではなく、決まって欧米のスター女優であった。

『浅草の肌』で撮影を担当した相坂操一（あいさかそういち）は、誰もが彼女からヴォリュームを感じるというが、「クローズアップして撮っても、そのフレーム以外（ママ）にはみ出すような感じを与えるのがボリュームであって、身体の大きいのがボリュームではない」[8]と述べている。京マチ子には、まさにフレームを突き抜けて画面外へと自らの存在を体感させる特別な力があったのである。

戦後の観客は、谷崎文学の美を、カストリ文化へ向けて徹底して通俗化する京マチ子の肉体を通して体験したのだ。こうして彼女は生まれながらにして授かった肢体を活かして、『痴人の愛』を皮切りに、次々と「肉体」に焦点をあてた作品に出演し、その刺激的なパフォーマンスで戦後の日本人をとらえていった。

6——木村恵吾「ニュー・フェイス登録帳　京マチ子さん——京マチ子のこと」、『映画ファン』一九四九年六月号、三四頁。
7——宇野重吉『光と幕』村山書店、一九五七年、一六二—一六三頁。
8——池田哲郎『雲の切れ間より——映画女優の生活と意見』徳島書房、一九五四年、一〇〇頁。

2　『浅草の肌』における肉体美

『痴人の愛』における肉体派女優としての成功は、その後の彼女の役柄を強く規定してゆくことになる。スターダムにおける個性の確立は、興行の安定をもたらすため、清純派や肉体派といったスターイメージを中心に企画が立ち上げられるケースが多くなるのだ。次に出演した『蛇姫道中』と『続蛇姫道中』は、木村恵吾が演出し、大河内傳次郎（でんじろう）や長谷川一夫、山田五十鈴が出演した豪華キャストの正月映画（一九四九年の年末から五〇年正月にかけて公開）であったが、『痴人の愛』のイメージが強烈すぎたせいか、彼女の古風な出で立ちや人物像は、大衆が京マチ子に求めた刺激的なイメージとずれていたように思われる。当時の雑誌には「モダン娘の時代劇出演」と題された記事も掲載されたが、『羅生門』（一九五〇年）での彼女の〈変身〉ぶりと比べれば、特筆すべきものではなかった（『羅生門』での京マチ子については後述）。

次の『遥かなり母の国』（伊藤大輔、一九五〇年）は、京マチ子の踊り子のイメージを前面に押し出し、早川雪洲（せっしゅう）が演じるジョーと京マチ子の擬似的な親子関係は異国情緒を感じさせ、日本的なものを完全に削ぎ落としている。このバタくさいイメージはそのまま次の作品『浅草の肌』（木村恵吾、一九五〇年）へと受け継がれた。

この時期の京マチ子がもっとも似合う場所をあげるとすれば、間違いなく「浅草」である。二〇世紀初頭から活動写真館が賑わいをみせ、夜の私娼街では男女が交わった歓楽街。伝統文化だけでなく、大衆文化をも包摂する吸引力をもつ浅草。下町風情もあり、雑然として世俗的なその空間は、欲望が充満する特別な場所である。この「浅草」をタイトルにもつ『浅草の肌』『浅草紅団』『浅草の夜』を京マチ子の「浅草三部作」と呼んでおこう――他にも『牝犬』や『踊子』など、「浅草」をタイトルに掲げなくとも、舞台が「浅草」である映画は多い。

興味深いことに、そんな彼女が、『羅生門』『源氏物語』『偽れる盛装』『地獄門』『鍵』などを通じて、日本の古都である「京都」が似合う女優へと転身していく。ともあれ、ここでは浅草を舞台に鮮烈な肉体のインパクトを観客に残した初期の作品を見ていこう。

『痴人の愛』と同じく、木村恵吾によって撮影された『浅草の肌』は、彼女の「肉体派ヴァンプ女優」としての「ヴォリューム」のある存在感を十分に発揮した作品であり、まさに京マチ子の肉体美を映像化するために製作されたような商業映画である。主演は京マチ子と二本柳寛で、大映から同期デビューした新人コンビだ。

この作品で京マチ子は、自身の肉体を売り物にするレヴュー劇場の踊り子・若草クルミを演じている。入りの悪い劇団をひきいて難儀する演出家・香取を演じるのが二本柳寛、真面目で厳格な男だ。この美銀座という劇団に、ドサ回りをして放浪していたクルミが突然入団してくる。

京マチ子の登場シーンは入念に演出されている。劇場の内部には螺旋階段がある。クルミの生意気な態度に我慢がならず、先輩のダンサーたちは階段の下から煽り立てる。階段をクロースア

図1-2

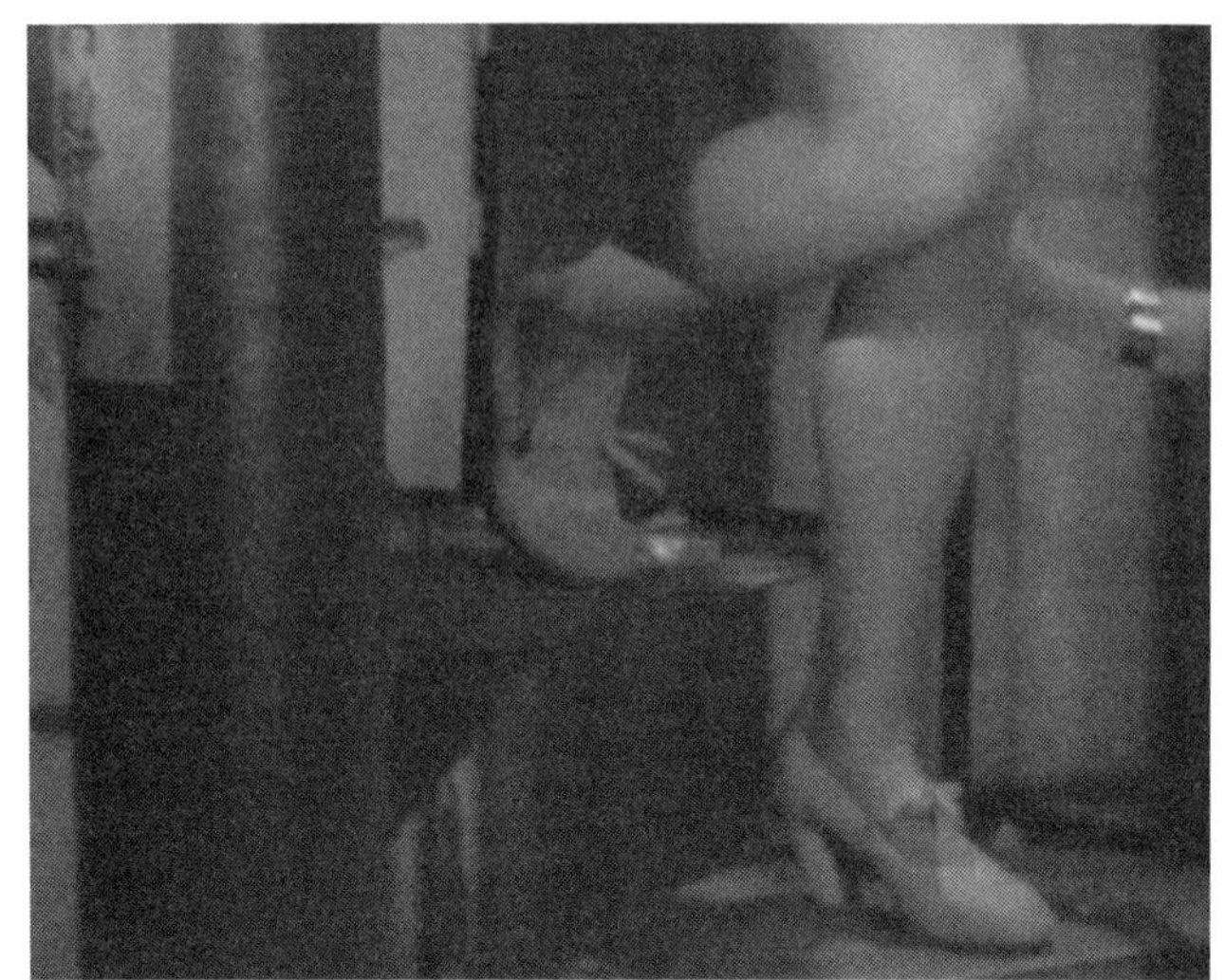

『浅草の肌』（木村恵吾，1950年，大映）

ップするカメラにゆっくりとフレームインするのは、階段を降りる京マチ子の「脚」だ（図1－2）。その「脚」をしばらく移動撮影でとらえると、ショットは切り替わり、彼女の上半身、最後に顔が映し出される。タバコをくわえた、ふてぶてしい顔つきの京マチ子が強烈な存在感を放つ瞬間である（図1－3）。

その直後のシーン、劇場のそばの食堂で劇団員たちとかち合ったクルミは、タバコを片手にビールを一気に飲み干すと、ゆっくりと近づいていって喧嘩をふっかける。先輩ダンサーの一人に飛びかかり、髪を引っ張り合い、地面を転がっていく、豪快なキャットファイトである。

警察にしぼられて終電を逃したクルミは、香取の家で寝かせてもらうことになる。彼のベッドに座って着替えようとする彼女をとらえるカメラは、『痴人の愛』と同様に、ストッキングを脱ぐ「脚」をクローズアップする。彼に惹かれているクルミは、ベッドに誘う。だが厳格な香取は、まったく動じることなく拒絶する。続いて、火を貸してくれと頼むクルミが、壁に掛けられているルノアールの模写を見ながら、「あんな絵、好きなんでしょう?」と聞く。その絵に描かれているのは、でっぷりと太った裸の女体である。「大好きだ」と答える香取に対して、京マチ子は、「好きならさ、私にそっくりよ」と挑発的なまなざしで男を誘惑するのである。女の肉体美に動揺した男は、狼狽してその場から逃げ出すしかない。

図1-3

『浅草の肌』(木村恵吾, 1950年, 大映)

　その後、彼女から男への身体の接触はさらに過激になっていく。香取のもとに再び立ち寄ったクルミは、部屋に飾ってあった香取の恋人の写真を嫉妬に駆られて放り投げる。当然、彼は激昂する。だが、ベッドに突き飛ばされたクルミは、男を無理やり抱き寄せようと何度も立ち向かっていくのだ。彼女は、幾度となく突き放されるが、ひるむことなく、しがみついては離れない。こうした画面の過剰な運動は、初期の京マチ子出演作のなかで、もっとも彼女らしいフィルム『牝犬』でも反復されるだろう。

結局、喰い付いたら離れない「女豹」のようなクルミの姿に想を得た香取が、そのまま舞台上に再現させるために彼女を主役に抜擢し、「女豹」と題するステージを作って大成功する。映画の後半は、京マチ子が野獣のように自由に踊り狂う姿を活写し、観客はその生き生きとした肉体を存分に堪能できる。

これほど自我が強く、誰にも媚びることなく、スクリーンを自由に駆け回っていた女優は、戦前においても同時代においても、彼女以外にほとんど見当たらない。淡島千景であれば、もっとしなやかに軽妙に踊ってみせるだろう。京マチ子は、軍国主義から戦後民主主義へという政治体制の転換期において、封建的な思想や家父長的な制度からの解放を、誰よりも生き生きと体現していたのだ。

3 『偽れる盛装』という到達点

次に検討するべき出演作品は、製作された順番からいっても、世界的な名画として名高い『羅生門』だろう。だが、その後に撮られた『火の鳥』（一九五〇年）から『牝犬』（一九五一年）までを先に見ておきたい。というのも、一九四九年のデビューから『牝犬』にかけて、京マチ子は国内向けに作り上げた「肉体派ヴァンプ女優」として活動していたからである。この時期、彼女は確固たる肉体派のイメージを作り上げたのだ。

『羅生門』は一九五〇年八月二六日に公開されたが、ヴェネツィア国際映画祭のグランプリ受賞は五一年九月一〇日のことで、受賞の報を聞くまで一年以上の期間がある。この受賞を機に、京マチ子に関する大映のプロモーションは大きく変化していく。だが、同年一一月二日に公開された『源氏物語』までの映画――『火の鳥』『偽れる盛装』『自由学校』『牝犬』など――には、占領期のカストリ文化を追い風にして彼女の肉体美を売り出すアプローチが一貫して見出されるのである。

『火の鳥』（田中重雄）は、川口松太郎原作の典型的なメロドラマである。いつも和服姿の日本女性らしいゆきこ（三條美紀）とは対照的に、京マチ子は洋装で登場するモダンで感情的なバードと呼ばれる女性を演じた。唐突に挿入される彼女のシャワーシーンからも、彼女の肉体に商品としての価値が付与されていることがわかる。

『痴人の愛』が肉体派女優としての京マチ子の存在感を一気に高めて彼女の名前と肉体美を広く知らしめた作品だとするならば、吉村公三郎の『偽れる盛装』（一九五一年）は、彼女の女優としての評価を確立した作品といえる。もともと吉村は『肉体の盛装』というタイトルで松竹に企画を提出したものの、幹部は承諾しなかった。これを機に吉村公三郎と脚本の新藤兼人のコンビは独立プロダクション（近代映画協会）を設立、この企画を東宝や大映、東横映画に持ち込む。なかなか実現しないまま紆余曲折を経て、『肉体の盛装』はようやく大映で撮影されることになった。そして『偽れる盛装』と題名を変えて公開されると興行も好調で、批評家の受けもかなりよく、この作品はキネマ旬報ベストテン第三位に選出された。『偽れる盛装』や、前年の『羅生門』での演技も評価された京マチ子は、毎日映画コンクールと映画世界社賞で女優演技賞を受賞する。とはいえ、「豊満な肉体を惜し気もなく投げ出す京マチ子のアプレ女性！」[9]という宣伝用の惹句からもわかるとおり、戦後の肉体ブームに照準したプロモーションがなされている。

『偽れる盛装』で京マチ子は、京都祇園の芸者・君蝶を演じた。客としてやってきた男からは搾れるだけ搾り取る、やりての一流芸者である。次々に男を誘惑しては金を出させるが、「金の切れ目は縁の切れ目」と、金のなくなった男をバッサリと切って捨てる。母親の古風な義理人情あふれる行為も「アホくさ！」と一蹴する、きわめてドライな性格の持ち主である。

妹の妙子（藤田泰子）は京都の観光課に務める地味な事務員で、祇園の有名な料亭の息子・孝次（小林桂樹）と結婚の約束をしていた。だが、彼の母である千代（村田知英子）は、家柄や格式が違うといって反対しにやってくる。その高慢さに我慢がならなかった京マチ子は、「こっちは肉体派どすさかいな」と放言すると、千代の相手（進藤英太郎）をたぶらかして、金を巻き上げてしまう。やがて怒った千代が君蝶のお座敷に乗り込んできて、迫力あるキャットファイトがはじまる。相手に摑みかかって押し倒し、スクリーンを転がり回る京マチ子。和服をまとっていても、彼女は重厚な肉体を相手に思い切りぶつけて躍動する、独特な身体性を観る者に強烈に焼きつけるのだ。
モチーフは新藤兼人がかつて師事していた溝口健二の戦前の傑作『祇園の姉妹』から得ており、その戦後版といったところ。つまり、封建的因習の世界である京都の花柳界に、アプレの肉体派を登場させて伝統的な義理人情に反発する女性を描いたのである。

この映画での吉村公三郎の演出は、菅井一郎演じる山下から金を五万円受け取るとさっと襖の裏で金額を数えるショット、進藤英太郎演じる伊勢浜と抱き合って倒れると「脚」を使って襖を閉めるショットなど、ひときわ輝いている。そして当時の日本を代表する名カメラマン、中井朝(あさ)一(かず)との協働がとりわけ光るのが、菅井一郎が京マチ子を包丁をもって追いかけるクライマックスのシーンだ。

会社の金を女に注ぎ込んでクビになった山下が、二万円ほど融通してほしいと懇願する。むろん、君蝶はまったく聞く耳をもたず、男を叱責する。その結果、恨みを抱いた山下が、温習会の本番中、包丁を懐にやってきて、襲いかかる。男から逃げ惑う君蝶。その場は騒然とする。カメラは会場から表通りへ移動すると、奥行きを目いっぱい使った構図になる。この縦に伸びた一直線の路地を、手前から奥に向かって、京マチ子が着物の袖を振り乱しながら疾走するのである。カメラはクレーンで上方へと移動、続くショットは猛然と逃げる京マチ子と、彼女を追う菅井一

9――大映本社宣伝部発行『偽れる盛装』プレスシート、一九五一年。

郎の表情を、手ブレを活かしたクロースアップで交互にカットバックしながら映し出す移動撮影。この臨場感に満ちたリアルな映像と音響効果は、物語を転調させるほど引き立っていて見事としかいいようがない。

結局、君蝶は男に刺されてしまうが、なんとか一命は取り留める。エンディングは、親の反対にあって妙子との結婚をあきらめた孝次が、彼女を連れて東京へ行く決心をする場面で幕を閉じる。この男の目を覚まさせたのは、物語の終盤で煮えきらない態度の孝次をこらえきれずに引っぱたいた京マチ子の強烈なビンタであった。

『偽れる盛装』における京マチ子は、ほとんどの場面で男を誘惑するか、あるいはひたすら怒っている。男でも女でも構わず、間違っていると思えばひるむことなく喰ってかかる。自らの正義を貫く強靭な精神をもつ女性である。女一人で強く生き抜くそうした生命力を、当時の観客は感じ取ったに違いない。批評家の双葉十三郎は次のように称賛している。

> 『偽れる盛装』は、京マチ子の映画である。〔……〕何だかわけのわからない映画が多い今日、一人の女の姿をこれだけハッキリ描き出せれば結構である。彼女に関するかぎり、変にうじうじした反省的な場面がないのも大いによろしい。
>
> とはいうものの、若しこの女主人公に京マチ子嬢を得なかったら、これだけ成功したかどうかは疑問である。彼女の演技的向上は目覚ましいものがあり、これに肉体と個性の魅力が

加わり、実によく女主人公を描きあげている。ほかの女優ではこれだけのヴォリュウムも出ないだろうし、線も弱くなったろう。その意味で、この作品は京マチ子というスタアの映画であるということが出来る。[10]

自己を犠牲にして国家に尽くす、いわゆる滅私奉公をスローガンとした戦時中の反動もあって、戦後の女性において理想とされたのは、自ら思考し、個性をもち、主体的に行動する生き方だった。肉体ブームのなか、刺激的な肉体をさらけ出し、揺るぎない意志の強さを見せ、個性あふれるイメージを呈示した彼女が、戦後の女性に求められる多様な条件とどれほど符合したかは想像に難くない。

占領期を代表する映画といえば、原節子が封建的な思想に抵抗して理想の社会を説いてみせた『青い山脈』（今井正、一九四九年）であり、およそ現実にはいそうにない女教師が、古い慣習や思考を解体していく物語だ。それが占領期における戦後民主主義の表側だとするならば、『偽れる盛装』はその裏側、すなわち、下層に生きる花街の芸者を主人公にして、同じように封建的な勢力を、体を張って強引に打ち砕こうとする女の物語だといえるだろう。

10――双葉十三郎「映画批評家の手帖」、『近代映画』一九五一年三月号、四六―四七頁［傍点引用者］。

4 『牝犬』——肉体派ヴァンプ女優の極致

その次に出演した『恋の阿蘭陀坂』（鈴木英夫、一九五一年）で京マチ子は、旅するサーカス団の踊り子役を演じた。菅原謙二との悲恋メロドラマである。

彼女は純情な娘役ながらも肉体派女優としての要素を色濃くフィルムに刻み込む。日本人離れしたエキゾチックな相貌で脚を振り上げ、肉感的なダンスを披露する。俯瞰ショットでとらえられた、クルクルと回転する見事な踊り。この時期の京マチ子にお約束の「脚」のクロースアップもある。脚本は凡庸ではあるが、約五分間、二人が無言でひたすらダンスする幻想的なラストシーンにおける鈴木英夫の演出には目を奪われる。真っ白なドレスで踊る京マチ子が何度も振り上げる脚のアップ、回転する身体のフルショット、交わされるまなざしのクロースアップ、さまざまなサイズのショットがスローモーションでつなぎあわされて躍動的な京マチ子の身体性が強く印象づけられる。

『自由学校』（吉村公三郎、一九五一年）で京マチ子が演じたユリーは「あたし、ちょっとコケティッシュでしょ」と、家出した中年男を誘惑してみせる。当時、どのように作品を宣伝するかを映画会社が指示した「プレスシート」と呼ばれるチラシが映画館に配布されていた。そこには、映画館での館内放送の仕方も記されている。『自由学校』のプレスシートに記載された「放送原稿」では「戦後派娘のサンプル、とんでもハップンの超アプレ、ユリーを演じる京マチ子」[11]と紹介された。当時の観客は、こうした館内放送を聞いた上で映画を観ていたのである。

原作は一九五〇年に「朝日新聞」に連載された獅子文六の同名小説であり、松竹と大映が同時期に映画化した（松竹では渋谷実が監督している）。戦後初の競作としてメディアが話題にし、どちらも一九五一年の配給収入がトップ10に入る大ヒット作となった。[12]京マチ子は主演ではないものの、コミカルな表情や身振りでダンスを披露し、封建的な考え方や振る舞いから逸脱したアプレとして、登場人物のなかでは、もっとも個性的で強いインパクトを残している。

『情炎の波止場』（安田公義、一九五一年）で京マチ子が演じるのは、港町の酒場で働く女である。細く剃った眉毛と濃い顔立ちはまったく和服にはそぐわない。洋服で登場するときにはパーマをかけて髪をアップにしたアプレ嬢。貨物船の機関夫で、血の気が多くてやたら喧嘩の強い笠井（藤田進）から「恐ろしく気が強い女」といわれるほど気性が激しい。相手を大声で罵り、物を投げつけ、男を引っぱたいて打ちのめしてしまう。このような激しい抵抗と喧嘩などの暴力描写によって、わずか二年足らずで京マチ子はヴァンプとして不動の地位を築いた。

11――大映本社宣伝部発行『自由学校』プレスシート、一九五一年。「とんでもハップン」とは「とんでもない」を強調するために英語をつなげた造語である。獅子文六の小説で使用され、映画化によって当時、大流行した。
12――大映の吉村公三郎版が第四位、松竹の渋谷実版が第九位という結果であった。「戦後日本映画各年別配収トップ10」、『映画40年全記録』キネマ旬報社、一九八六年、一七頁。

ところで「ヴァンプ」という言葉は、「ヴァンパイア」を省略したものである。一九一〇年代、「ヴァンパイア・ブーム」に沸いていたアメリカでは、「ヴァンプ」を象徴する決定的な映画が製作された。セダ・バラが男を破滅させる「ヴァンプ」を演じて一躍スターになった『愚者ありき』（一九一五年）である。その後、映画における「ヴァンプ」は、二〇年代を通して、ヴァンパイアのように不死身で死をもたらす危険な存在ではなく、より魅惑的でセクシャルなイメージとして人間化（女性化）されていく。

一方、日本には歌舞伎における「悪婆物」や、幕末から明治初期に流行した合巻（ごうかん）（草双紙）における「毒婦物」といった悪女の系譜がある。人間離れした邪悪さをもって男を惨殺するような、恐ろしい女として描かれることも多い。やがてこのような毒婦や妖婦に、アメリカ映画の「ヴァンプ」のイメージが移植されるのが一九二〇年代後半、さらに同時期（二〇年代末）には、モダンガールのイメージ――断髪でタバコをくわえた洋装の若い女――が一挙に流入してくる。

それぞれを明確に区分するのは難しいが、妖婦、毒婦、ヴァンプとさまざまに呼び変えられ、複数のイメージが混ざり合って日本映画の「ヴァンプ」が形成されていった。男を誘惑し破滅させる「宿命の女（運命の女）」は、しばしば「ファム・ファタール」と呼ばれる。文学や絵画でも繰り返し描かれてきたモチーフである。だが、戦前から戦後の京マチ子が活躍した五〇年代において、フランス語の「ファム・ファタール」という批評用語は一般に使われず、このような女性を表す言葉として使われたのは「毒婦」や「ヴァンプ」であった。

ともあれ、戦前の日本映画において、肉体の露出の程度やポーズのかたちは違えども、鈴木澄子、原駒子、酒井米子、伏見直江、伊達里子など、和装であれ洋装であれヴァンプ女優はそれなりに存在していた。しかしながら、こうした女性イメージは、一九三九年の映画法とともに映画産業が戦時体制に組み込まれることによって、いったん途絶することになる。[13] 国策映画の製作が中心となり、時代劇などの娯楽映画は製作できなくなっていくからだ。したがって、バッドエンドを迎える英米的な女性キャラクターが、かろうじて悪女の要素を引き継ぐものの、性的な魅力で男を誘惑する女性はスクリーンから姿を消すのである。

日本が敗戦を迎えて占領期に入ると、肉体ブームが巻き起こった。解放的な雰囲気のなかで日本人は、輸入が再開されたアメリカの映画スターや、スクリーンに返り咲いた日本のスター女優——戦時中の国策映画では、主に丸坊主の男性がスクリーンを占有していた——に陶酔した。そこでは、美しく高貴なスター女優たちが、恋愛メロドラマ映画で輝きを放っていた。だが一度、途絶した「ヴァンプ」をこの時期に引き受ける女優はほとんどいなかった。事実、一九四七年の映画雑誌に「今日のスタア」に対する次のような不満が批評家によって記されている。

13——一九三九年に施行された映画法は、総力戦体制のもとで軍国主義を推し進めるために、娯楽色を排除した映画の製作、国策映画の強制的な製作、映画製作と配給の徹底した管理のための映画会社の許認可制、映画製作に従事する者の登録制、劇映画の脚本の事前検閲、外国映画の上映の制限などで映画界を統制した。

たとえば、女優にしても、ヴァムプ女優を演れる人は一人もいないではないか。〔……〕余りに、皆が美男、美女でありすぎる。若く美しいばかりを狙いすぎる。本当の悪役を出来るものすら出てこないではないか。私は今日のスタアに対して悲観的である。[14]

戦後初期、ヴァンプを演じられるほど個性的で官能的な映画女優はいなかった。この不在のキャラクターを戦後の肉体ブームに合わせて復活させるべく、いち早く京マチ子を発掘して成功したのが大映だったのである。しかも、戦前のヴァンプ女優の単純な再生産ではない。戦前・戦中の検閲制度のもとでは、肌を露出して男に絡みつくことは難しかった。だが、彼女は唯一無二の肉体をもち、それを後押しする肉体ブームやカストリ文化の流行もあった。だからこそ、京マチ子の肉体派ヴァンプは「新しい」イメージとして享受され、消費されたのである。

肉体派のヴァンプ女優として、初期の京マチ子のイメージをもっとも象徴的に映し出したフィルムは、『浅草の肌』で彼女を演出した木村恵吾が一九五一年に撮った『牝犬』である。この作品では京マチ子の肉体派としての潜在能力が最大限に引き出された。志村喬演じる堅実で真面目な生命保険会社の部長・堀江が、浅草のレヴュー劇場で働いている踊り子に出会い、堕落していく典型的なヴァンプ映画だ。

当初、脚本の第一稿では、徹底的に堕落した男を描く予定で、京マチ子が最後に心惹かれるのは、純情な青年ではなかった。彼女はある悪玉に惚れてしまい、嫉妬に狂った志村が、その男を

殺してしまうという結末だったのだ。ところが営業側から、京マチ子を主人公にして後味をよくしないとファンに申し訳ないと注文がついた。木村は何度も大映社長のところへ行ってねばったが、結局は聞き入れてもらえなかった[15]。会社側の意向通り、宣伝部は京マチ子の映画として、彼女の肉体を前面に押し出したプロモーションを展開する。プレスシートのタイトルには「京マチ子の牝犬」と書かれ、興行者へ向けた宣伝ポイントでは、「ヒロイン、京マチ子の強烈な魅力を百%生かした愛欲版として大いに売って下さい[16]」と指示が記されている。

では、早速その登場シーンを見てみよう。すでに観客は、プレスシートの「放送原稿」に書かれた「妖しい体臭に群がる男、男、男! あざ笑う女の肉体!」という惹句を、館内のアナウンスで聞いているはずである。『浅草の肌』と同じく『牝犬』でも京マチ子は「脚」から登場するが、彼女の「脚」にたどり着くまで、私たち観客はしばらく我慢しなければならない。

堀江はごく真面目な男だが、あるとき部下が浅草の踊り子に惚れて会社の金を使い込んでしまったことを知る――。その踊り子こそエミーであり、その肉体によって、後に堀江は堕落させられることになる。部下を立ち直らせようと思った堀江は、浅草の劇場に足を踏み入れる。この場面で最初に観客の目に飛び込んでくるのは、頭をフレームアウトしたダンサーたちの「脚」の運

14――「昨日・今日・明日のスタア」、『シネマ時代』一九四七年一月〔新春創刊号〕、一〇頁。
15――「編集部が追跡した! 京マチ子の秘密」、『映画新潮』一九五一年一一月号、一二頁。
16――大映本社宣伝部発行『牝犬』プレスシート、一九五一年。

動である。舞台袖にいた堀江のもとに踊り子たちが押し寄せ、彼は帽子を落としてしまう。彼女たちのむき出しの「脚」のクロースアップ、人称性のない数々の「脚」に踏みつけられ、蹴飛ばされる帽子。それを拾おうと四つん這いになる堀江も、踊り子たちの「脚」に埋もれてゆく。ここまで、カメラはダンサーの顔や胸などではなく、一貫して肉塊としての「脚」の運動を映し続ける。すなわち、観客は「脚」を意識するように演出されているのである。

いよいよ京マチ子の登場シーン。堀江が楽屋に迷い込むと、むき出しの肉厚な「脚」が彼の横に映り込む。その「脚」に小突かれて振り返った彼は、一瞬その相手の顔を見るものの、あまりに「脚」が魅惑的だったからか、すぐに下を見て驚愕の表情を浮かべる。彼の顔から切り返して、カメラは京マチ子の「脚」をクロースアップする（図1－4）。続いて、カメラは顔に向かってティルトする（カメラを固定したままその首を上に振る）ものの、まだ顔は映されない。手にしたラーメンの器が、彼女の顔を隠しているからである。スープを飲み干した後、器を下げると、ようやく京マチ子は顔を見せる。濃いメーキャップにふてぶてしい顔つき、片手には吸いかけのタバコをもって、高慢な態度で男を一蹴する。

やがてエミーに深入りし、その肉体の虜になってしまった堀江は、家族を捨てて彼女のもとに走り、資金を提供して、彼女のためにキャバレーを経営することになる。男は汗ばんだ京マチ子の体を丁寧に拭く。まるで『痴人の愛』を再現しているかのように、男は京マチ子の肉体を崇拝し、それに屈服しているのだ。実際、嫉妬に駆られ、娘の由紀子（久我美子）にも罵倒された彼

は終盤で街をさまよい、むき出しの「脚」を組んだマネキンをショーウィンドウ越しに目にすると、そこに京マチ子の「脚」を幻視してしまう。

図1-4

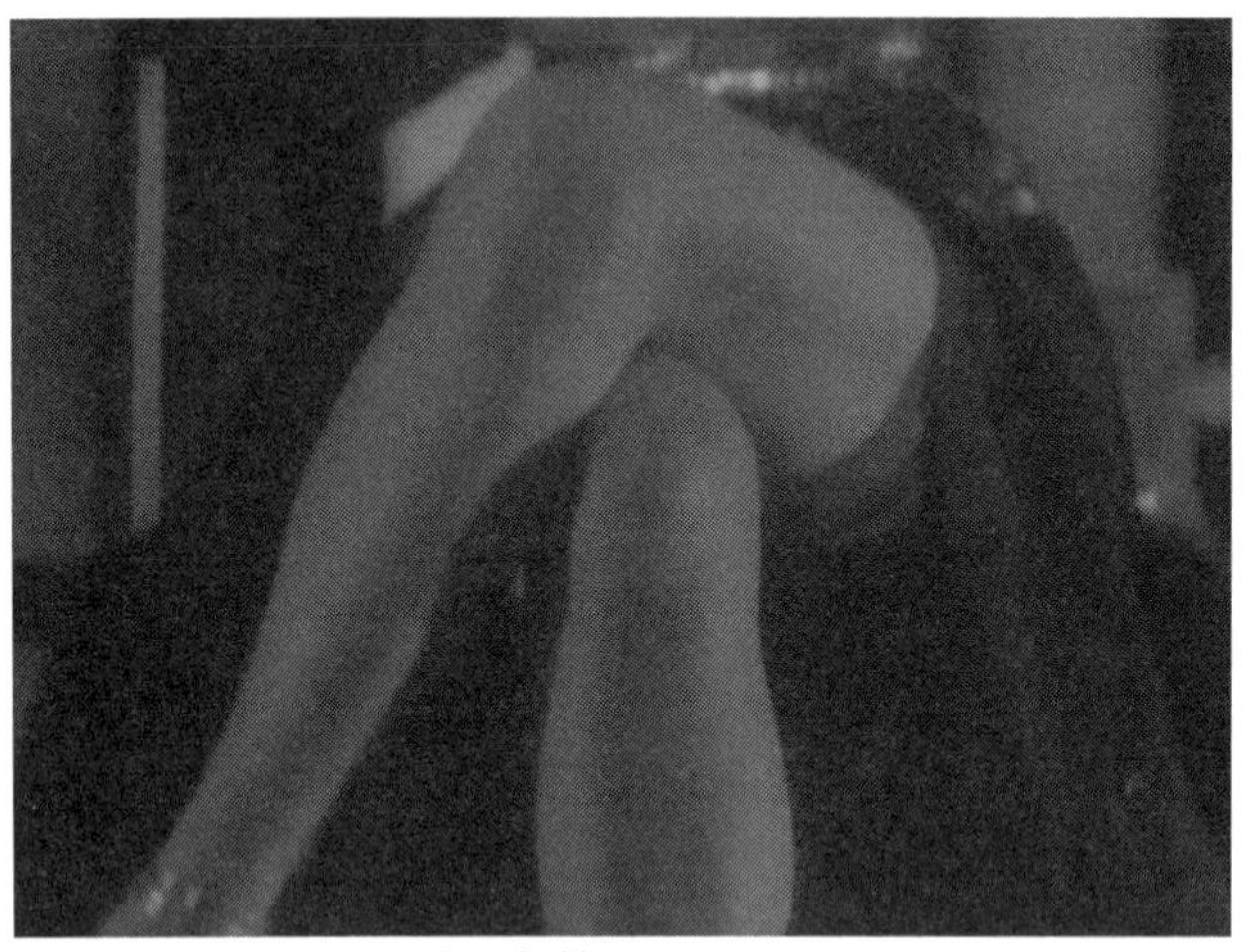

『牝犬』(木村恵吾，1951年，大映)

このフィルムでも彼女は肉感的な体を武器に、男を堕落させていくのだが、『浅草の肌』での二本柳寛と同じように、彼女の誘惑にひるみながらも抵抗する役回りの高潔な青年が出てくる。根上淳が演じる白川という男である。白川が思い通りにならないとわかると、彼女は体当たりで彼にぶつかっていく。無理やり接吻をする。何度突き飛ばされても、強引に自分のものにしようと立ち向かっていくのだ。

物語の終盤、堀江はエミーが白川に好意をもっていると知り、嫉妬に狂って彼女を殺してしまう。映画としては職人監督が撮った娯楽映画の一つでしかないだろう。だが、バタくさい京マチ子が、その肢体を最大限に活か

してスクリーンに投影する女優としてのスケールの大きさは、ほかの映画ではめったに見られないインパクトがある。

「肉体派女優」――あるいは「アプレ女優」や「ヴァンプ女優」――『牝犬』に出演した頃までの京マチ子は、当時のスクリーン・イメージから、このように呼ばれていた。それは、京マチ子が「芸術化」する以前のイメージである。『羅生門』のグランプリ受賞の報が届く直前、『源氏物語』に出演する前の一九五一年に彼女が批評家にどのように語られていたかを確認しておこう。

一にもエロ、二にもエロ、三にもエロのエロばやりに、ムッチリポッチャリの悩ましい曲線をもった京マチ子の官能美は、まず売行き一〇〇%の商品である。そこで肉体派女優に仕立てての売込みは確かに成功した。[17]

このような批評やプロモーションに連動した京マチ子のイラストが多くのファン雑誌に掲載された（図1-5）。そのイメージはつねに肉体ブームやカストリ文化の低俗さへと結びつけられている。京マチ子を一躍有名にした『痴人の愛』から、映画女優としての評価を決定づけた『偽れる盛装』、「脚」をフォーカスした肉体美と、日本の映画女優にはなかった暴力性を演出した『浅草の肌』、そして『牝犬』まで、すべての作品で「肉体派ヴァンプ女優」としてのイメージは一貫している。製作者も興行者も、批評家も観客も、初期の京マチ子の妖艶で豊満な肉体――とり

わけ「脚」を中心とした肉感的なイメージを享受したのだ。

この時期、京マチ子と「脚」の組み合わせは、彼女の存在をきわめて個性的なものに仕立て上げた。映画を取り巻くさまざまなメディアは、彼女の「脚」にとくに注目し、讃美した。各メディアは相互的に、その希少価値を高めることを通して、彼女に対する監督の演出の仕方や観客が受け取る京マチ子のイメージにも影響を与えたのである。

たとえば、ファン雑誌の「京マチ子さんの脚線美拝見」という記事では、画家の小野佐世男が、彼女の脚——太ももから膝下にかけて——に女の裸像を描く。[18] 最初のページには、彼女の脚に絵を描く小野と、上半身がフレームアウトされた京マチ子の「脚」が大きく掲載されている。映画と同じく、「脚」から登場しているのだ。このほか、インタビューをもとにして書かれたファン

図1-5

『新映画』1950年8月号

17——大黒東洋士「新人NO1京マチ子」、『映画ファン』一九五一年四月号、四〇頁。とはいえ、この直後に「今では単なる肉体派女優ではなく、立派な映画女優に成長した」と書かれているように、同年一月に公開された『偽れる盛装』での演技が高く評価されたことによって、周囲から作り上げられた低俗な「肉体派」のイメージを引き離そうとする力が働きはじめたと考えられる。

18——小野佐世男・京マチ子「京マチ子さんの脚線美拝見」、『映画スタア』一九五〇年六月号、一七一一九頁。

雑誌の記事では、バタくさい彼女の絵とともに最初の一文が次のようにはじまる。「いやあ、凄い立派な脚だ。なんの屈託もなく、こちらを向いて、エイとストッキングをはいている京マチ子さんの脚は、まさに魔法の杖である」[19]。

映画ファンは、スターの個性を売り出す言葉やイメージに囲まれて映画館へと赴く。こうして観客は、映画を観る前から、彼女の「脚」の登場を、強烈な肉体がスクリーンで踊るのを待ち望むようにうながされているのだ。とはいえ、注意すべきは、京マチ子は自らの肢体を、カストリ文化に夢中になった大衆へと単にさらしていたわけではないということだ。彼女のイメージにはエロだけに終わらない、独特の強度がある。

エロティシズムと暴力性——。『牝犬』が完成したとき、映倫（映画倫理規程管理委員会）は激怒して総会を開き、あちこちハサミを入れるように申し入れてきた。たとえば、志村喬が京マチ子を警察に連れていこうとするシーン。切る前のショットは、もみ合いの最中、彼女の肉体美に男が心を奪われてしまい、格闘から抱擁へと変化してゆく男女の息づかいが克明に描写された濡れ場だったという[20]。だが、ハサミを入れた結果、女のエロスよりも、京マチ子が暴力的に上から志村を押さえつけているように見えてしまう。そして、先述した根上淳への体当たりの求愛の連続。こうした過剰な暴力性は京マチ子に固有の表現で、現代劇だけでなく、前近代や戦前を舞台にした文芸映画であっても、フィルムに刻印されている。

彼女のスクリーン・イメージに特徴的なのは、女同士のキャットファイトだけではない。むしろ、男性に対等に立ち向かったり、屈服することなく抵抗したりするときの、激しい肉体の運動イメージこそが、京マチ子というスター像に独特な強度を与え、抑圧されていた若者世代の鬱憤を代弁していたのだ。だからこそ京マチ子は、戦後派の肉体派女優として、占領期に比類ない人気を獲得することができた。その初期の魅力を映画批評家の飯田心美（しんび）は次のように表現している。

京マチ子の強味は、現在の日本映画女優にはまことに少い原始的な性的魅力をフンダンにそなえているところにある。そしてこの威力が彼女独特の凄まじい演技で活かされたとき大衆は文句なく圧倒される。丁度それは口火を切つたダイナマイトの感じである。[21]

画面を突き抜けていくような彼女の「スケール」や「ヴォリューム」感は、敗戦後の「自由」や「民主主義」、「男女平等」という新しい政治的イデオロギーを体現し、戦時体制によって思想も行動も国家にがんじがらめに抑圧された時代からの「解放」という新たな時代の息吹と、分か

19——則武亀三郎文・由原木七郎画「京マチ子さんインタビュ（ママ）——ペラペラと大阪弁で」、『映画物語』一九四九年一一月号、二頁。

20——前掲「編集部が追跡した！　京マチ子の秘密」、一三頁。編集部の質問に答えているのは、『牝犬』で助監督だった斎村和彦である。

21——飯田心美「京マチ子の魅力」、大映株式会社編『大映十年史』一九五一年。『浅草の肌』のスチールの裏面に掲載［頁数の記載なし］。

ち難く結びついていたのである。

第二章

国際派グランプリ女優へ

1 『羅生門』における複数の女性イメージ

戦後派スターの寵児(ちょうじ)となった京マチ子は、デビューから一年ほどの間、肉感的なイメージによって強烈な存在感を見せつけていた。もっとも彼女自身は「肉体女優」といわれるのを大いに嫌い、「ええ映画に出たい」と悩んでいたという。そんな京マチ子にとって最大の転機となったのが、黒澤明の『羅生門』への出演である。ヴェネツィア国際映画祭でのグランプリ受賞は、彼女だけではなく、日本映画の流れをも変えてしまうほどの衝撃を映画界にもたらした。

『羅生門』は、芥川龍之介の「藪の中」を橋本忍と黒澤が大幅に翻案したものである。ここには同じく芥川原作の「羅生門」の建物のイメージやエピソードも入り込んでいる。黒澤は『羅生門』を撮るにあたって、サイレント映画の原点へと立ち返り、人間のエゴイズムや微妙な心の動きを映像によってとらえようとした。登場人物は三船敏郎、京マチ子、森雅之、志村喬などわずか八人。カメラマンはかねてから黒澤が一緒に映画を撮りたいと思っていた宮川一夫、音楽は早坂文雄、最高の布陣でチームが組まれた。

当初、黒澤は、「美女と盗賊」というタイトルで、ヒロインに原節子を考えていた。だが、原節子は日程の都合がつかず、他に「美女」に当てはまるような女優を見つけられないため、黒澤は悩んでいた[1]。そこで大映は京マチ子を使ってくれと依頼したが、彼女の実力も人物も写真を見せてもらっただけではわからない。結局、大映で仕事をするのだから、京マチ子を使うのが穏当だと思って、不安と期待が入り混じるなか仕事をはじめることになったという。[2]

黒澤映画へ出演できると決まった京マチ子の並々ならぬ意欲が当時のエピソードからも伝わってくる。黒澤が「誰か打合せに来たからちょっと話をして、ヒョイとのぞいたらこの人（京さん）まゆ毛を、もう剃っちゃっているんだね」と語るように、役柄を聞かされた彼女は、その翌日、すっかり眉を剃って撮影所にやってきたのだ。[3]

また、撮影に入る前の稽古のとき、まだ眠っている黒澤の枕元に台本をもってきて「先生、教えておくれやす」と尋ねたという。黒澤は彼女の熱心さに閉口したと自伝で回想している。[4]肉体

1——田中純一郎「京マチ子の哀愁——現代女優伝」、『小説新潮』一九五八年四月号、六二頁。
2——池田哲郎『雲の切れ間より——映画女優の生活と意見』徳島書房、一九五四年、八四—八五頁。ここでは筆者が黒澤明に話を聞いて、その内容を書き起こしている。なお、筆者の池田哲郎は映画批評家の大黒東洋士と推察される（浜野保樹編『体系　黒澤明　第1巻』講談社、二〇〇九年、六二〇頁）。
3——本木荘二郎・箕浦甚吾・黒澤明・京マチ子・三船敏郎・森雅之・志村喬・千秋実・栄田清一郎（司会）「国際映画コンクール大賞授賞記念 座談会 羅生門」浜野保樹編、同前、五六五頁。京マチ子自身もインタビューで「大映で撮る限りは、大映の女優でというので、私が選ばれたんです」と話し、聞き手が「その時は、やはりキャメラ・テストとか何か、あったんですか」という質問に「そういうのはなくて、ポンと企画で入っちゃったみたいです」（京マチ子「インタビュー日本のスター　第10回　京マチ子の巻——個性的な国際女優（前篇）」、『キネマ旬報』一九八四年三月下旬号、九四頁）と答えているように、眉を剃り落としたから黒澤が役を決定したという説は誤りである可能性が高い。
4——黒澤明『蝦蟇の油——自伝のようなもの』岩波書店、一九九〇年、三三五頁。

を前面に押し出した娯楽映画とはまったく異なり、黒澤映画への出演ということもあって、これまでにないほどの覚悟で撮影に臨んだのだろう。結果から見ても、『羅生門』のヒロインには京マチ子以外ありえないと断言できるほど、黒澤の演出に見事に応えている。

この作品は、ある殺人事件をとらえる解釈の仕方が、立場によってそれぞれ異なることを、回想という形式を使った巧みな構成と心理描写によって描き出している。喜劇やスリラー、ロマンス、ミステリーと、ジャンルを混淆させているのも特徴だ。だが、黒澤映画の豊かさは、こうした構成と語りの形式からのみ生み出されたのではない。この作品の見所の一つは俳優陣の多彩な演技にある。これまであまり指摘されてこなかったが、とくに京マチ子の演技がすばらしい。黒澤の演出に立ち向かう彼女のパフォーマンスからはその潜在能力の高さがうかがえる。

映画のオープニング・シーン、黒澤映画を象徴する激しい雨が降りつける羅生門の下で、杣売り（そまうり）（志村喬）と旅法師（千秋実）が雨宿りをしている。彼らは三日前に起きた奇妙な殺人事件のことを下人（上田吉二郎）に語りはじめる。

盗賊の多襄丸（三船敏郎）が森で昼寝をしていると、そこに武士の金沢武弘（森雅之）と妻の真砂（京マチ子）が通りかかる。多襄丸は美しい女に目をつけると、武士を騙して森の奥に縛りつけて女を強姦してしまう。しばらくすると、現場にはその武士の死体が残されていた。だが、この事件に関わった当事者の証言がすべて食い違っていることから、実際にそこで何が起こったのか、まったくわからない。検非違使（けびいし）で証言をするのは、多襄丸、襲われた真砂、死人の武弘（巫女の口を借りた証言）、そして途中から事件をこっそり見ていた杣売りの四人だ。京マチ子は、証言者ごとにタイプの異なる女として想起されるため、四つの物語それぞれに合わせて、異なる女を造形しなければならない。それまでの「肉体派ヴァンプ」から解き放たれて、万華鏡のように多様な表情を見せる京マチ子のパフォーマンスを、物語の進行に沿って実際に確認していこう。

山へ薪を切りに行った三日前のことを、杣売りが回想する。木の葉から零（こぼ）れる太陽光をとらえる逆光の移動ショット、志村喬が肩にかけた斧の刃がキラキラした光を反射するその画面は、同時代の映画には見られないみずみずしさを帯びている。男が森の奥までどんどん進んでいくのに合わせて、打楽器が鳴らすリズムが重ねられる。その音はすぐにラヴェルの「ボレロ」のような舞踏曲となり、彼の歩行とともに心地よい映像と音響がリズムを織り成す。この歩行のシークェンスにはかなりの時間が使われ、この間、叫び声を除けば台詞はいっさいない。

「無声映画の好さ（ママ）を、その独特の映画美を何処かへ置き忘れて来てしまったように思われて、何か焦燥感のようなものに悩まされていた。もう一度、無声映画に帰って、映画の原点をさぐる必要がある」[6]と黒澤が述べているように、台詞によってではなく、サイレント映画と同じように映像と音——当時はオーケストラによる伴奏がついていた——による、美しくも力強い語りで物語

5——杣売りとは、山から切り出した木を売る職業のこと。
6——黒澤明、前掲書、三三二—三三三頁。

は進んでいく。

森の奥へと歩を進める志村喬の姿は、トラッキング・ショット（移動撮影）で遠景から近景へ、そして上下左右からとらえられ、多角的な視点でつながれていく。この流麗な宮川のカメラワークは見事としかいいようがない。重要なのは、男がただ歩行するだけの行為をこれほど凝った映像で編集した黒澤の意図だろう。一人の男のアクションをさまざまな角度から切り取るカメラの運動そのものが、この映画の本質――ある出来事も人間も多面的であること――を体現しているからだ。このシークェンスは、武士の死体を発見した杣売りが、叫び声をあげて森を駆け抜けていく場面で終わる。

やがて捕らえられた多襄丸が、男を殺したのは自分だと検非違使で証言をはじめる。彼によれば、森で寝ていた自分の前を通り過ぎた美しい真砂を、どうしても夫から奪いたくなったという。だから武士を騙して縛り上げ、男の目の前で真砂を自分のものにした。だが、彼女は二人の男に恥を見せては生きていられないからどちらかが死んでくれ、生き残った男と連れ添いたいと懇願する。その言葉を聞いた多襄丸は縄を解き、武弘と斬り合って殺してしまう。その最中に女は恐ろしくなって逃げ出した――。以上が多襄丸の証言である。

多襄丸の回想のなかで、まず京マチ子がクロースアップで見せるのは、夫が「マムシに嚙まれた」と伝えられたときの純真な子供のように青ざめた表情である（図2－1）。だが、縛り上げられた夫の前に連れていかれると、自分が騙されたことを知り、豹変して多襄丸に短刀で斬りかかる。そこに多襄丸のナレーション――「俺はこれほど気性の激しい女を見たことがない」――が重ねられる。その声に同期して、彼女は素早い動きで男に立ち向かう。このように荒々しい女性像を演じてみせたかと思うと、多襄丸に接吻された真砂は、男を欲情するエロティックな女へと変貌するのだ。

図2-1

『羅生門』（黒澤明，1950年，大映）

続いて、真砂が証言する場面。まず、怪訝な顔の旅法師が「多襄丸の話とはまるで違うんだ。違うといえば、その女の顔かたちも多襄丸のいうように気強いところは少しも見えぬ。ただ哀れなほど優しい風情なのだ」と語ってから、回想が導入される。検非違使で突っ伏して泣く真砂が弁明をはじめるや、先ほどの「気性の激しい女」とは打って変わって、表情と声のトーンでしおらしい日本女性を演じる京マチ子（図2-2）。宮川のカメラも真砂の場面では、彼女をやや上から狙った構図で、弱々しい女性の造形を手助けしている。

真砂によれば、多襄丸に犯されたところまで

図2-2

『羅生門』(黒澤明, 1950年, 大映)

は同じだが、高々と笑い声をあげて男が去ると、彼女は愛する夫のもとへ駆け寄ってすがりつく。だが、盗賊に犯された妻を、彼は怒るでもなく悲しむでもなく、ただ蔑む(さげすむ)ような眼でじっと見る。耐えきれなくなった真砂は、自分の短刀を差し出して殺してくれと懇願するが、夫は卑しいものを見るようなまなざしを送り続けるのだった。錯乱した真砂は気を失ってしまう。気がつくと夫の胸元に自分の短刀が突き刺さっている。もはや生きてはいられないと、池に身を投げてみたものの、どうしても死にきれなかった——。これが真砂の主張である。

このシークェンスで京マチ子が演じる真砂は、多襄丸の視点で解釈された「激しい女」ではなく、自分自身で自己を解釈したところの「弱い女」——夫を一途に愛する弱々しく哀れな古典的ヒロインとしての自画像である。不思議なことにこの場面での京マチ子には美しさもエロスも感じられない。

三番目の証言者は、殺された武士の武弘である。彼は巫女の口を借りて証言する。女を手ごめにした盗人はやがて真砂を慰めはじめ、汚れた身で夫のもとに戻るよりも、自分の妻にならないかと説得した。それを聞いて真砂は、うっとりと多襄丸を見つめて「どこへでも連れていってください」と返答する（図2―3）。だが、恐ろしいのはこの後である。夫が生きていては一緒に行けないから夫を殺してくれと彼女は多襄丸に頼むのだ。それを聞いた多襄丸は呆れかえって女を踏みつけると、武士に向かって女を殺すか助けるかと尋ねる。その隙を見て逃げ出した女を多襄丸は追いかけていく。残された武士は、落ちていた妻の短刀で自害するのだった――。これが死んだ武士の言い分だ。

図2-3

『羅生門』（黒澤明，1950年，大映）

ここでも「あのときほど美しい妻を見たことはない」という巫女＝武士のナレーションに合わせて、うっとりとした視線を注ぐ京マチ子は、求愛する男にそっと寄り添う美しい女性を演じていたかと思うと、夫を亡き者にしようとする不埒な女へとたちまち豹変する。

芥川龍之介の原作は、武士が息絶える瞬間に、

図2-4

『羅生門』（黒澤明，1950年，大映）

忍び足でそばに来て、胸に刺さった短刀を抜いた者がいるが、それが誰かは明らかにされないまま物語は終わる。黒澤はこの短刀を盗んだ犯人を杣売りにして四番目の物語を付け加えた。杣売りは武士の死骸を発見したのではなく、事件を途中から目撃していた。検非違使での証言は、男の胸から短刀を抜き取ったことを隠したいための嘘だったのである。杣売りの視点から見た事件は次のようなものであった。

犯されて泣き崩れた女に、多襄丸が自分の妻になるよう両手をついて懇願している。「女の私に何がいえましょう」といって夫の縄を切り、男同士での決闘をそそのかすものの、夫からはこんな売女は欲しくないといわれ、多襄丸はすっかり萎えてしまう。ところが、ここでも京マチ子は豹変する。二人の男の前でしおらしく突っ伏して泣きわめくその声が、次第に笑い声へと変わっていき、狂気じみた姿で男たちを嘲り、罵倒しはじめるのである（図2－4）。抑え込んでいた怒りをぶちまけながら、男たちの自尊心を刺激し、多襄丸の顔に唾を吐きかける。「お前たちは男ではない」と叫び、高々と笑い声をあげるこの場面の京マチ子は、日本の古典的女性などまったく演じていない。むしろ、初期のヴァンプさながら、男を陥れる悪女のイメージを時代劇に持ち込んでいるのだ。

　男同士の殺陣は、最初に多襄丸が回想したような勇ましいチャンバラではない。多襄丸のフラッシュバックの場面では、二人の闘志を代弁するかのように雄々しい音楽が流されていたが、杣売りの回想では、手を震わせながら弱腰で喧嘩するという喜劇映画のワンシーンでしかない。死に怯えながら刀を振り回す男たちの滑稽な姿がロングショットで映し出され、通常なら差し迫った状況にある殺陣のシーンとは相反するサウンド――蟬（せみ）や鳥の鳴き声が添えられている。

　このようにして、それぞれの証言は食い違い、何が真実なのかわからないまま物語は終わる。

　この映画で回想される京マチ子は、彼女のことをそれぞれに解釈する男たち（あるいは自分自身）のナレーション＝監督が演出する語りにすべて応えなければならない。京マチ子は映画内で、もっとも自己同一性が一貫していない人物として描かれている。言い換えれば、複数の過去を再現するフラッシュバックという形式と外部の声（ナレーション）によって、「監督の演出―俳優の演技」のプロセスそれ自体が可視化されているのである。

　しとやかで美しい古典の女性から気性の激しいアプレ娘、エロティックに男を誘惑するヴァンプからしおらしく封建的な日本女性、常軌を逸した狂気を体現する女から純真無垢で清らかな少女まで、彼女のパフォーマンスには、あらゆるタイプの女性イメージが凝縮されている。『羅生門』におけるこの〈変身〉という主題は、やがて一九五〇年代後半の『いとはん物語』で開花し、その後も『穴』や『黒蜥蜴』などの映画で重要な役割を担う。いわば『羅生門』は、変幻自在な京マチ子を形成する契機となった作品なのである。

2 『雨月物語』における所作の抑制

『羅生門』のグランプリ受賞の報告を受けて、永田雅一が率いる大映が、外貨の獲得を本格的に意識しはじめるのは、大映創立一〇周年記念映画として製作された『源氏物語』（一九五一年）あたりからだろう。永田は当時、『源氏物語』は「日本民族が世界に誇り得る古典文学」であるため、「機会を得て海外にも輸出上映致したいと考えている」と書いている。[7] 一九五〇年代の大映は、前近代の古典を題材に、「キモノ、ゲイシャ、サムライ」を前面に押し出して、欧米人が好みそうな映画を次々に製作していく。実際、『源氏物語』はカンヌ国際映画祭で撮影賞（松山公平）を授与されている。

『源氏物語』の京マチ子は、ヒロインではないため出番も多くはないが、『羅生門』で確立した彼女の人気を裏付ける記事がある。黒澤とライバル関係にあり、当時八カ月間フランスに滞在していた木下惠介によるものだ。彼は一九五二年のカンヌ国際映画祭に出席して次のような報告をしている。

顔といえば京マチ子の顔は『羅生門』一本で非常によく覚えられ『源氏物語』の終りの場面で彼女が出てくると「羅生門」「羅生門」とささやく声が場内に起った。日本の女優でも海外に人気を得ることはなにも英語をしゃべれる山口淑子ばかりではなく、作品次第でどんどん売り出せるし、その女優の人気で日本映画が外国で大受けすることも夢ではなく一つの方法と思う。(「読売新聞」一九五二年七月二〇日付夕刊)

京マチ子のフランスでの知名度の高さがわかるだろう。大映はそれを好機と見て、ヨーロッパの国際映画祭を意識した超大作に京マチ子を起用することが多くなる。ヴェネツィアで『羅生門』が金獅子賞を受賞し、翌年のカンヌで『源氏物語』の杉山公平が撮影賞を獲得したことから、さらなる受賞を目論んだ永田雅一は、大正期の長田秀雄の戯曲を原作とする『大佛開眼(かいげん)』(衣笠貞之助、一九五二年)に巨額の製作費をつぎ込む。物語の舞台となる聖武天皇の天平年間を描くために最高のスタッフが集められ、撮影所のオープンセットには原寸大の大仏を二つも再現、衣装も『源氏物語』(三二〇番)の二倍以上におよぶ七〇〇番(「番」は衣装一揃いの意)が用意された。[8]『大佛開眼』は、近江から奈良へと都が移された時期の話だが、国際派路線で京マチ子が確立し

7――永田雅一「『源氏物語』の製作に就いて」、大映本社宣伝部発行『源氏物語』プレスシート、一九五一年。
8――大映本社宣伝部発行『大佛開眼』プレスシート、一九五二年。

ていくイメージとはかけ離れており、肉体派女優の激しさが随所に見られる。序盤、長谷川一夫につかみかかって噛みつくシーン、多くの人びとを犠牲にして建立された仏像の手の上で、人びとの死を悼んで狂ったように踊り舞うシーンなど、原初的な肉体の運動が過剰なほどのインパクトで描かれており、その意味ではリアリティに欠ける作品である。『雨月物語』や『地獄門』のようには、西洋人の異国趣味を満足させられず、カンヌへ出品されたものの受賞は逃している。だが、この後、『羅生門』がたまたま成功したわけでないことを証明しようと永田は躍起になり、実際にその目的を達成してしまう。この時期の日本映画にあって、『羅生門』が切り開いた国際映画祭への道が、いかに日本を世界へとアピールする重要なルートであったかを確認しておこう。

第一四回ヴェネツィア国際映画祭が開催される一九五三年の夏に向けて、出品候補作をめぐる批評家たちの座談会が組まれた。芸術的な観点からいって『雨月物語』だという意見にまとまるが、映画祭とはいえ賞をかけて競い合う市場であるとの議論から、「大映さんがなぜ京マチ子を映画祭に送らないか……。『雨月物語』で溝口さんと川口松太郎を送るより京マチ子を送ったほうがどんなにいいか知れない」（清水千代太）という不満や、「京マチ子が行ってカクテル・パーティをやれば大分違う」（飯島正）といった発言が飛び交う。[9] この後、実際に出席したのは、溝口とシナリオを書いた川口松太郎と依田義賢（よしかた）、川口の妻であった三益（みます）愛子、映画製作者であり外国映画の輸入をしていた川喜多長政、そして田中絹代である（当時は大映助監督で留学生だった増村保造も通訳として参加)。溝口は紋付袴、田中は『雨月物語』で着用した服を現代風にアレンジした衣装、三益は振袖姿で〈日本〉を体現した。

座談会での発言で、実際に送り出された田中絹代や三益愛子では満足できず、京マチ子を送るべきだといったのは、もちろん『羅生門』をきっかけとしたヨーロッパでの人気もそうだが、彼女こそが日本を代表するにふさわしい女優だという批評家たちの合意があったからだろう。国際映画祭は〈日本〉というアイデンティティーを自ら確認しながら、それを世界へ直接的に示す貴重な場だった。それは敗戦によって失墜した日本が文化の力で自らの存在意義を世界へ訴える唯一の場所だったのだ。

上野　各社がお作りになったのだから、各社が選んで、これがいいと思ってお出しになるのは、それはそれで結構なんです。しかし、これが海外に出れば日本映画という看板を背負って出るわけです。その点について、果してこれは日本映画を代表するほどの作品であるかということを、日本の業者は十分考えなければいかんと思う。一旦外国に出れば、コンクールに出す作品だから日本映画の中でもっとも優秀なものだと外国人は思うに違いない。[10]

9――清水千代太・飯島正・登川直樹・上野一郎(司会＝荻昌弘)「世界の映画祭と日本」、『キネマ旬報』一九五三年七月上旬号、七七頁。
10――同前、七四頁。

現在とは異なり、映画やスター女優がどれほど〈日本〉を「代表」していたか、その背負っていたものの大きさがこの発言からもわかるだろう。ともあれ、この時期に日本の「顔」としてもっともふさわしい存在だとみなされたのは京マチ子であった。こうしたなかで、それまで徹底して〈日本的なもの〉を破壊していた彼女は、積極的に〈日本的なもの〉をまとっていかざるを得なくなる。

ここから、京マチ子というスター女優は、〈分裂〉しはじめるのだ。

『雨月物語』をはじめ、国際映画祭や外国の目を意識した映画では、京マチ子の演技は、国内向けの肉体派女優のものとは決定的に乖離してゆく。

溝口健二の『雨月物語』では、わかりやすい演技によるキャラクターの造形ではなく、おかめ顔の要素を充分に活かした「能面」、いわば無表情な「顔」を前面に押し出し、初期の肉体派女優とはかけ離れた幽玄な日本女性の美を体現してみせる。これまでの躍動的なパフォーマンスを封じて、身体的な激しい運動は「静」へと変わり、「能面」のような顔に突如として「動」が浮かび上がるのである。

また、西洋の観客の好奇心を掻き立てるために、東洋的・日本的な要素もふんだんに取り入れられている。たとえば、『羅生門』に続いて音楽を担当した早坂文雄は、洋楽器はほとんど使用せず、和笛、角笛、太鼓、琵琶、鈴、銅鑼(どら)などの和楽器で奇妙な音色を作り出した。扇を片手に今様の節で能を舞うシーンもある。京マチ子を主演に据えた、海外輸出に主眼を置いた映画では、物語の進行と関係なく京マチ子が舞を踊ったり三味線を弾いたりと〈日本〉を醸し出す伝統芸能が織り交ぜられることが多い。この手の日本的な記号が京マチ子を取り囲み、彼女は『羅生門』よりもいっそう古典的な日本女性を演じることになるのだ。

『雨月物語』の舞台は、人びとが戦乱に翻弄された戦国時代。農業のかたわら陶器を焼いて生活する貧しい源十郎（森雅之）は、妻の宮木（田中絹代）と子供を残して、焼物を売るために旅立っていく。城下町で陶器をたくさん購入してくれた姫君・若狭（京マチ子）のために、源十郎はお屋敷まで品物を届けることになる。彼は、その姫君が織田信長に滅ぼされた楠木一族の死霊であることを知らないまま、彼女の美しさに惹かれて夫婦の契りを結んでしまう。彼は偶然出会った老僧に助けられ、久々に故郷に帰って妻に温かく迎えられるも、夜が明けるとその妻もすでに死んでいたことが明らかになる。源十郎は妻を弔い、陶器づくりに専念するのであった。

幽霊を演じる京マチ子のパフォーマンスは、人間であってはならず、緩慢な動作やゆっくりとした発話が印象的である。デビュー当初の肉体派を印象づけるときのカメラは、カットを細かく割ってクロースアップで彼女の肉体を描写していた。『雨月物語』では、溝口のスタイルである長回しは、それまでの彼の作品に比べて少なく、珍しくテンポを出すシーンもある。だが、民衆の慌ただしい動きや活劇の場面とは対照的に、京マチ子の「のろい」身体の運動は、あの溝口的としかいいようがない長回しで映し出されている。結果的に、彼女の周囲だけ時間がゆっくりと

図2-5

『雨月物語』（溝口健二，1953年，大映）

流れているように感じられるのだ。

　湯浴みの場面から野中でのラブ・シーンにかけて、カメラがディゾルヴ（二つの画面が重なって転換する編集技法）を組み合わせながら、まるで「絵巻物」をひもとくかのように横移動するシーンがある。興味深いことに、ヴェネツィアの映画祭でその場面が映し出されたとき、客席から拍手が沸き起こったという。[11] 現在、そういった感性を持ち合わせている観客はどれほどいるだろうか。ともあれ溝口は絵巻物のなかに生きているような想像上の人物と世界観を、演出技法やカメラワークを駆使して作り上げたのだ。

　そして後半、緩やかな動きとは裏腹に京マチ子の顔は、恐ろしい形相へと変化する（図2－5）。老僧に死霊を祓ってもらった源十郎は、妻や子供がいるから屋敷に帰らせてくれと姫君に懇願する。「いいえ、帰しませせぬ」といって白い息を吐きながら男にすり寄るときの京マチ子の顔は、それまでの優美な表情とは正反対だ。悪霊から守るために僧が体中に書いた経文に気づいた京マチ子が見せる、まるで般若のごときおぞましい表情は、『晩春』の観能のシーンで、小津安二郎が原節子に演出した形相に匹敵するほどの迫力で私たちを圧倒する。

すでに確認したように『雨月物語』で京マチ子が亡霊を演じるシーンには、とりわけ時間がたっぷりと使われている。動乱のなかで落武者が源十郎の妻を襲うシーンや、義弟である藤兵衛（小沢栄）が兜首（かぶとくび）を手に入れる活劇の場面が対照的に挿入され、そうしたショットの積み重ねが、いっそう彼女の「静の演技」を引き立たせているのである。

3 『地獄門』における「静の演技」

永田雅一が『羅生門』でグランプリ受賞の報を受けたとき、押しかけてきた外国人記者団に「グランプリとはいったい何か」と話して失笑を買ったのは有名な話だが、『地獄門』は最初から国際映画祭に向けて周到に用意された作品である。『地獄門』は、「カンヌ映画祭出品（グランプリ獲得）ならびにドル稼ぎを目標として製作したもの」[12]だったのだ。そのために永田は映画祭を調査して、カンヌもヴェネツィアに匹敵する映画祭であり、イタリアは社会性を盛り込んだもの、

11——清水千代太「ヴェニス映画祭に出席して」、『キネマ旬報』一九五三年九月下旬号、二九頁。なお、水戸光子と小沢栄による遊亭の裏での芝居でも拍手が起きたと報告されている。

12——「時評「地獄門」受賞と現代劇映画」、『キネマ旬報』一九五四年五月下旬号、二二頁。

フランスは美的に優れたものが入賞する傾向が強いと判断した[13]。そこでもっとも重視したのが「色彩」による日本美の表象である。

日本の総天然色映画では、松竹の『カルメン故郷に帰る』（木下恵介、一九五一年）をはじめ、松竹カラー第二弾の『夏子の冒険』（中村登、一九五三年）、東宝初の『花の中の娘たち』（山本嘉次郎、一九五三年）など、どれも国産のフィルムであるフジカラーが使用されていたが、外国のカラー映画に見劣りするものだった。そこで大映は国産のカラーを使わず、アメリカのイーストマン・カラーでの撮影を決断する。

重視されたのは、スターが着用する着物や日本的な風景を、ヨーロッパの観客が満足するような異国情緒あふれる色彩で映像化することだった。そのために大映は、天然色処理委員会などを組織し、画家で色彩科学研究所所長であった和田三造（さんぞう）も衣装とデザインの指導をした。アカデミックな指導者を求めて、通産省に照会の手紙を出すと、色彩の誤差を計測する技官やメーキャップの研究家が派遣されてきた。こうして入念な準備のもと、撮影が開始されたのである。

結論からいえば、『地獄門』は見事カンヌ国際映画祭でグランプリを獲得した。審査委員長のジャン・コクトーが、「美の到達点である。ここに能がある」といって強力に推薦したといわれている。カンヌ以外でも、たとえばナショナル・ボード・レビューの外国映画ベストテンで第三位に選ばれ、アカデミー賞では名誉賞（最優秀外国語映画賞）と衣装デザイン賞（カラー部門）を受賞、ほかにも多くの賞を授与された。

『地獄門』への熱狂はフランスにとどまらず、アメリカにも波及、ニューヨークのギルド・シアターで封切られるや、驚異的な反響を呼んだという。こうして永田の戦略は奏功し、一見退屈にさえ見えるこの作品は、欧米の観客を満足させたことになる。国内の批評家には評判の悪かった『地獄門』が、海外でこれほど評価されたのには、後で述べるように「オリエンタリズム」の問題がある。が、まずは、どのような物語であり、いかに色彩や人物が表現されたのかを確認していこう。

原作は『平家物語』や『源平盛衰記』などで描かれた袈裟と盛遠の物語を題材にした菊池寛の戯曲『袈裟の良人』。監督を務めた衣笠貞之助が自らシナリオを書いた。舞台は一二世紀の日本、平清盛が都を留守にしている最中に謀反から争乱が生じる。盛遠(長谷川一夫)は御所の侍である渡(山形勲)の妻・袈裟(京マチ子)の美しさに心を奪われる。強引に手に入れようとする盛遠に従わなければ、夫の命が危ないと知った袈裟は、夫を殺すように仕向けておいて自らが身代わりになる。暗闇のなかで盛遠は、渡を殺そうと寝床に刀を突き刺すが、彼が殺したのは最愛の袈裟であった。

この映画が舞台とするのは、一一五九年の平治の乱からその翌年にかけて。史実ではこのとき、平清盛は熊野詣に行っていたが、映画では厳島参詣に改変されている。むろん、これはほぼ緑一

13――日本経済新聞社編『私の履歴書 第4集』日本経済新聞社、一九五七年、一二三―一二四頁。

色で占められる熊野よりも、海の青、島の緑に厳島神社の鮮やかな朱色が映える色彩の美的効果を狙ったものだ。実際に「この作品が、海外へ輸出されることを考えて、あえて、日本の代表的風光をとり入れるため、この変更を行ったことを了承していただきたい」[14]と衣笠は述べている。

ほかにも盛遠が袈裟を斬ったとき、歴史上の清盛はまだ一九歳にすぎなかったが、緋の衣の色彩効果を考えて、入道した後の丸坊主の姿で登場させている。『源平盛衰記』で袈裟が斬られた事件は一一三七年、物語の舞台とされている平治の乱は一一五九年、清盛が出家したのは一一六八年だから、こうした史実はまったく無視されているといっていい。盛遠も身分不相応な豪華な衣装をまとい、すべての素材に、欧米の観客にアピールするような色彩が施されているのだ。

当時の日本の批評家は、色彩の美しさは褒めつつも、人物造形や物語展開の平板さを批判した。人物の葛藤や苦悩が描かれていないことに対する不満も散見される。津村秀夫は京マチ子演じる袈裟に対して、「少しも人間味の感じられない、生きた血の通っていない「女」になっている」[15]と評した。たしかにこの作品の京マチ子は、幽霊を演じた『雨月物語』以上に、感情がないように見える。だが、このような人間味のない人物造形は意図的に狙った演出だった。

衣笠貞之助は、シナリオを書くにあたって近代人に特有の懐疑や自意識や苦悩などを登場人物に造形しなかったと記している。[16]当時の批評を詳しく調べていくと、津村秀夫が、京マチ子への人間味のない演出は「衣笠の構想というより、大映自体の註文であったという説が伝わっている」[17]と記すように、永田雅一の強引な「介入」があったと思われる。永田は後に「古い日本の女性はかくのごとく封建的であることをハッキリ出し、そして批判を受けようと思い立ったわけである。衣笠監督はじめみんな難色を示したのをあえて敢行した」[18]と自慢げに語っている（もちろん大言壮語の「永田ラッパ」の言葉として受け取る必要があるが）。

アメリカで本場のプロデューサーズ・システムを見てきたばかりの永田はプロデューサーの領域を越えて、脚本にまで「介入」したのである。実際、その現場は永田と衣笠が喧嘩をして大変だったという。強引に従わせた永田に、衣笠は唇を震わせて、はらわたが煮えくり返る思いをした。[19]だからこそ、社命で撮らされた衣笠は完成した映画に対して「空疎だ」といってのけ、グランプリ受賞の報を受けたときも、「製作者の私たちはあまり満足できた作品だとは思っていなかった」（「読売新聞」一九五四年四月一一日付夕刊）と語ったのである。

実際に京マチ子は、どのような演技をしていたのか。袈裟の美しさに心を奪われて自制心をな

14——「「地獄門」鑑賞の予備知識　脚本が描く主要人物の立場——「衣笠監督のメモ」」、『近代映画』一九五三年臨時増刊号、一九頁。
15——津村秀夫「今月の映画手帖　芸術祭参加作品3」、『近代映画』一九五四年一月号、一二三頁。
16——前掲「「地獄門」鑑賞の予備知識　脚本が描く主要人物の立場」、一八頁。
17——津村秀夫、前掲「今月の映画手帖　芸術祭参加作品3」、一二三頁。より詳しい経緯は拙著『スター女優の文化社会学——戦後日本が欲望した聖女と魔女』作品社、二〇一七年、二五一—二六四頁で詳述している。
18——日本経済新聞社編、前掲書、二二四頁。
19——現場で永田と衣笠がもめていたことに関しては、当時スクリプターをしていた秋山みよの回想が詳しい。桂千穂（聞き書き）『スクリプター——女たちの映画史』日本テレビ放送網、一九九四年、四六—四七頁。

くした盛遠は、彼女の叔母のもとへ押しかけて袈裟を誘い出す。自分を選ばなければ夫を斬ると迫る盛遠に、従わなければ夫の命はないと悟って盛遠を受け入れる。むろん、それは偽りであり、彼女は自らの命と引き換えに夫を救う決意をする。夫が寝ているところを襲おうと盛遠が企てているのを知っていたため、自分が身代わりになってその寝床に入るのである。

死を覚悟してからの京マチ子の動作と発話はさらに緩慢になる。固定した状態のカメラで彼女がゆっくりと廊下を歩くところが、長時間とらえられる。クロースアップも切り返しもほとんどない。本来ならドラマが前景化するクライマックスの場面、固定カメラと長回しが多用されることによって、ドラマ（葛藤）そのものが展開していかない。通常、映画というメディアでは、画面内（俳優や背景）の動き・カメラの動き・切り替わるショットの動き（編集）という「三つの動き」が組み合わされる。黒澤明もこの三要素を存分に使って動きに満ちた画面を作り出す作家なのだが、衣笠の演出によるこの作品では退屈なほどゆっくりとした所作や発話が繰り返されるばかりである。

『雨月物語』では、首から下が静止して、顔によって感情が演じ分けられていた。それに対して『地獄門』では、この顔の「動」も奪われて、すべてが「静」で包まれるのだ。

死を覚悟した袈裟が、夫を前に琴で悲しいメロディーを奏でる場面がある。この最愛の夫との一連のシーンにおける京マチ子の緩慢な身体の動きは、彼女の感情と呼応するものではなく、身体表現の「型」をなぞっているにすぎない。それによって観客は、登場人物の内面の葛藤ではなく、京マチ子の止まったような「運動」そのものを見てしまうのだ。

演出をした衣笠貞之助は、もともと旅回りの新派の女形役者だった。歌舞伎も新派も経験した日活向島のスターになったが、その地位を捨てて映画監督に転身した。衣笠は撮影現場を飛びまわって身振り手振りで演技をつける監督だが、その演出方法は、「個々の俳優の型の美しさをヴィヴィッドに抽出する」ものであり、新劇的な要素はほとんどなく、歌舞伎役者の「型」の工夫に似ていて、ワンショットの舞台的な調和に絶えず心を配っていた。[20]実際、カメラや編集の動きはあまりなく、それぞれのシーンはステージのような空間設計のもとで俳優の身体を形式的に動かして構成される。黒澤明のように「三つの動き」の相乗効果によって生み出される運動のダイナミズムとは正反対の映画だといえるだろう。

日本映画の国際化と、京マチ子が「グランプリ女優」や「国際派女優」という称号を手にするのとはまったく同じ流れにあった。ここで彼女が獲得したのは、「肉体派ヴァンプ」とは対照的な演技、すなわち、豊満な肉体から繰り出される過剰な動きを限りなく制御して、静止させるように運動するパフォーマンスである。要するに、京マチ子の国際化とは、彼女自身の過激な身体運動の宛先が、国内の一般大衆から、国外の欧米人へと変化することによって、その運動性が奪われる過程であった。だから彼女は「国際派グランプリ女優」になって以降、これまでさらして

20——滝沢一「衣笠貞之助論」、『キネマ旬報』一九五五年新年特別号、六六—六七頁。

いた肉体を覆い隠し、「型」と「静の演技」をスクリーンに投射するようになる。『地獄門』での京マチ子の演技は、とくに海外で絶賛された。アメリカのナショナル・ボード・オブ・レヴューは一九五四年度、京マチ子に特別賞を贈った。

そして彼女のパーソナリティは次第に高い「格調」を手にすることになるだろう。これらの要素がもっとも美しいかたちで結晶化したのが『春琴物語』（伊藤大輔、一九五四年）である。

4 「手の映画」としての『春琴物語』

谷崎潤一郎の『春琴抄』を原作とする『春琴物語』は、幕末から明治にかけての大阪を舞台に、目が見えない女性とそれに献身的に寄り添う男性の、激しくも美しい愛欲を描いた物語である。大阪商家の鵙屋(もずや)の娘で幼い頃に失明したお琴（京マチ子）は、琴や三味線の稽古に勤しむ美しい女性であった。幼少期、彼女のもとに奉公に行った佐助（花柳喜章(よしあき)）は、盲目で美しいお琴にその頃から惹かれていた。高慢な彼女の身の回りの世話を少年時代からしてきた佐助は、店の者のなかで彼女から唯一、寵愛を受けてきた。やがて佐助はお琴が奏でる音色に惹かれて、密かに三味線の練習をはじめる。彼の才能を認めたお琴は師弟関係を結ぶ。こうして主従関係と師弟関係を結びながら、二人は揺るぎない愛情を育んでいく。

『羅生門』で欧州への扉を開いた永田雅一は、余勢を駆って東南アジアにも日本映画の輸出マーケットを求めはじめる。一九五三年に東南アジア製作者連盟を結成、「東南アジア映画祭」(後に「アジア映画祭」「アジア太平洋映画祭」と改称)の準備を進めた。提案者である永田自身が会長に就任し、第一回東南アジア映画祭が五四年に東京で開催される。シンガポールで開催された第二回映画祭でグランプリ(ゴールデンハーヴェスト賞)を受賞したのが『春琴物語』である。

『春琴抄』は戦前に松竹蒲田ではじめて映画化された。田中絹代がヒロインを演じ、島津保次郎が演出を務め、『春琴抄 お琴と佐助』(一九三五年)というタイトルで公開され、高い評価を得た。京マチ子を主演に迎えた『春琴物語』は、『春琴抄』の二度目の映画化であった。谷崎文学は何作も映画化されているが、谷崎自身は『痴人の愛』は脚本に不自然な歪曲が見られ、『鍵』にも不満な点が多かったが、『春琴物語』の京マチ子は「自分が夢に描いていた幻影そのままの姿であった。田中絹代の『春琴抄』もなかなか優れていたけれども、自分の夢の中の美女が、生きて出て来た、と云ふ点では京マチ子のものに及ばない」(「朝日新聞」一九六一年一〇月五日付)と絶賛している。

伊藤大輔は盲目のヒロインを美しく描き出すために、島津―田中版とは異なる視点で、いうなればこの物語を「手の映画」として仕立てあげる。京マチ子がはじめて登場するシーン、佐助が呼ばれてすっと差し出した「手」のアップからいったんカメラが後退、「佐助」と呼びかけてお琴が近寄る動きに合わせて再び彼の「手」に接近してクロースアップ。そこに彼女の手がそっと添えられる。二人の重なった「手」を映してからカメラは彼女の顔へ移動する。

ここで観客が受ける「触覚的」なスクリーンの味わいは、盲目の春琴と佐助との二人の盲目な愛を考えるうえで、きわめて重要な要素となる。この「触覚性」は物語の終わりで再び繰り返されるのだ。

谷崎潤一郎原作の『痴人の愛』をはじめとして、『浅草の肌』や『牝犬』といった作品での京マチ子は、まさに肉体派ヴァンプ時代だったがゆえに、登場するときには必ずといっていいほど、「脚」からフレームインしていた。したがって、『春琴物語』で「手」から登場して着物で肉体を覆い隠した気品あるイメージは、初期の京マチ子とは対極にあることがわかるだろう。

この作品の最初の見どころは、美しい着物に身を包んだ京マチ子が、降りしきる雪と舞い散る桜のなかを舞う、序盤に挿入された五分にも及ぶノスタルジックかつ幻想的な圧巻のシーンである。その場面は、彼女の師匠とその内弟子であるおえい（杉村春子）の対話によって導かれる。おえいが、師匠に才能を買われているお琴への嫉妬をあらわにすると、「あの年頃で目の見えん嬢（こい）さんの気持ちにお前いっぺんなってみい」と師匠に諭される。カメラはそのやり取りからパンして開かれた窓の方へと前進。外にしんしんと降り続ける雪をとらえる。

フェードアウトするとお琴が部屋で一人たたずんでいる。続いて彼女の顔のクロースアップ。ゆっくりとカメラが後退すると桜がひらひらと舞い散る。この瞬間、映画はリアリズムを放棄して、彼女の「記憶のイメージ」を手繰り寄せる。画面はうっすらと舞う桜を残して明滅を繰り返す。この暗闇は彼女の瞼（まぶた）を介した主観ショットのようでもある。ロウソクの灯が頬を照らし、桜はお琴の顔にオーヴァーラップされる。ストリングスと管楽器を組み合わせた伊福部昭による美しい音色の音楽が、この場面をよりいっそう崇高なものにし、私たちは雪の降る現在の時間から桜の散る過去へと誘われるのだ。

図2-6

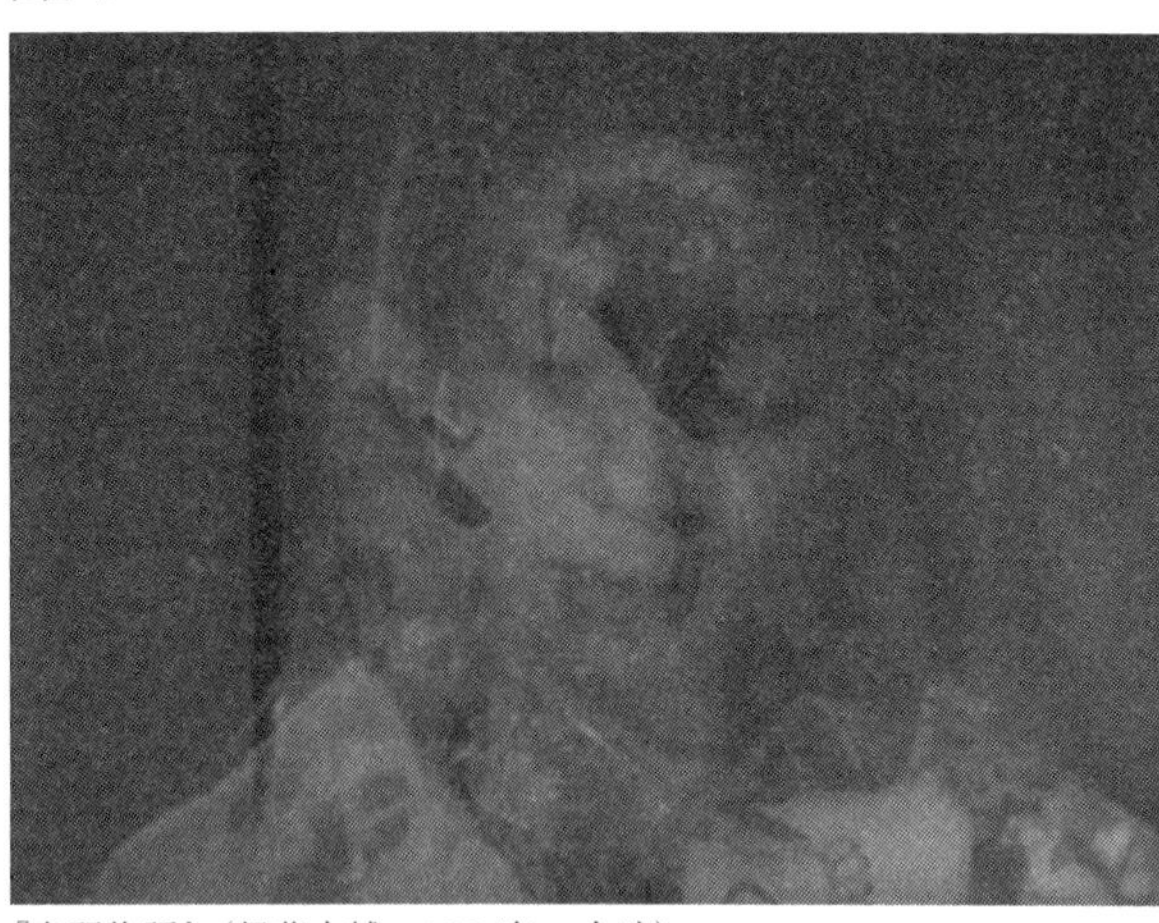

『春琴物語』(伊藤大輔，1954年，大映)

お琴の意識は盲目の身体を抜け出して、季節や時空を超えてゆく。やがて幼女にシンクロするように、扇を手にお琴は踊りはじめる。舞い散る桜を媒介にして、視力を失ったお琴の雪の舞から、目が見えていた幼い頃の桜の舞へ、異なる時空間が編集技法によって同時に表象される(図2－6)。しなやかな身体の運動から演じられる静謐なる「幽体の舞」――。〈日本的なもの〉をことごとく破壊していた初期の京マチ子が、『羅生門』を契機に「国際派グランプリ女優」へと転進し、名声を高めていくにつれて身につけた〈日本〉は、ここに完成形を見る。

歌劇団のダンサーとして活躍し、ブギウギで「レヴューの女王」とまでいわれた京マチ子だが、実は彼女はクラシックな踊りが好きで、日本舞踊の方が舞台経験も豊富だった。『痴人の愛』で一躍スターとなった彼女は、自分の演技に自信がないということを方々で語っていたが、踊りにだけは自信をもっていた。デビューしてすぐの一九五〇年に彼女は次のように話している。

最近の私しか知らない人だったら、きっと京マチ子といえばステーヂではブギとかスイング物を踊るのが得手で、他に何もやらない位に思ってられるのじゃないかと思いますが、私は、本当は自分の好みから云えば、スイング物より、もっとクラシックな踊の方が好きで、これまでずっとそういった方を得意として来ましたし、又、日本舞踊でも相当舞台に立っているのです。[21]

彼女の舞がロングショットに切り替わり、散っていた桜がディゾルヴで雪に変化する絶妙な編集、このシーンは、過去の記憶と幻想の桜と現実の風景が同時に重ね合わされている。偶然そこに戻ってきた佐助は、あまりにも美しい踊りに目を奪われて立ち尽くすしかない。物語の流れを断ち切るように挿入された異様としかいいようがないこの「幽体の舞」のシーンはしかし、彼女が段差を踏み外して転倒することで唐突に終わってしまう。さっきから見ていたのかと憤慨したお琴は佐助に怒鳴り散らして去っていく。

佐助は夜な夜な暗闇のなかで密かに三味線を弾いていることが発覚し、番頭に叱責される。そんな佐助に対してお琴は、その腕前を確かめたうえで自らが師匠になるという。師弟関係を結んだ二人は厳しい稽古を開始することになる。ところが、ある夜、お琴は色恋目的で近づいてきた弟子に逆恨みされ、眠っているところに煮え湯をかけられて、顔に大やけどを負ってしまう。顔全体を覆った包帯がようやく取れるときになって、愛する佐助にだけは醜い顔を見られたくないと嘆く。それを聞いた佐助は、自ら両眼に釘を突き刺して失明してしまうのだった。

佐助はお琴のために、彼女の醜くなった顔を絶対に見ないと決意し、その姿を永遠に瞼の奥にとどめ、彼女と同じ暗闇の世界に生きることを誓う。愛を確かめ合う二人。互いに握りしめた「手」が再びアップでとらえられる。視覚を喪失した二人がきつく抱きしめ合い、その感触を確かめていることが深く伝わってくる場面だ。

この映画では、全編を通して二人の「触れ合う手」が何度もクロースアップされている。戦前の『春琴抄 お琴と佐助』と決定的に異なる点――「手」による対話や「触覚性」の強調――はまさにここにある。「視覚」を喪失した者同士の対話は、視線の一致を前提とした切り返しショットでは描くことができない。したがって二人の愛情は視線劇ではなく、「触れること」を主軸とした距離感を演出する移動撮影によって描き出される。「幽体の舞」で少女が舞う身体と京マチ子の身体の二重性、あるいはショットが切り替わる際に多用されるディゾルヴという技法も、

21――京マチ子「時代劇初出演のことば」、『新映画』一九五〇年二月号、一三頁。

この映画の「接触性」を強化しているのだ。

原作を大幅に改変したラストシーンは、死んだと思っていた自分たちの子供が佐助の両親に密かに引き取られていたことを知り、我が子に会いに行く馬車のなかの場面で幕を閉じる。握り合う「手」がクロースアップされ、寄り添う二人のこの上ない幸福なイメージ。馬車のなかの映像は、外の世界と隔絶した二人の世界の閉塞感と、誰も入る余地のない愛の完結性を表している。

5 『千姫』の漏出するエロス

『千姫』（木村恵吾、一九五四年）も『地獄門』の延長線上にあり、永田雅一が外貨の獲得を目指して製作したものである。当時の新聞評には「もっぱら海外用〝絵物語〟をネラッたのだろうか」（「読売新聞」一九五四年一〇月二〇日付夕刊）と批判的なものも散見される。

登場人物の衣装も、セットも、小道具も豪華絢爛。芸妓の余興や、舞、桜、チャンバラ、切腹など、日本的な意匠を凝らして海外受けを狙ったのが透けて見える。実際、一九五五年のカンヌ国際映画祭に出品されてパルムドールにノミネートされている。賞は逃したものの、『地獄門』と同じくシンプルなストーリー、前近代的な社会と封建思想、異国情緒を誘うような貴族の豊かな色彩表現によって、カンヌでは拍手喝采され、イタリアの名匠ヴィットリオ・デ・シーカも絶賛したという。

京マチ子は、幼い頃から政略結婚の犠牲になってきた悲劇のヒロイン千姫を演じる。豊臣一族が徳川家に滅ぼされる大坂夏の陣、秀頼の妻であった千姫は、坂崎出羽守（山形勲）に救出される。千姫はもともと家康の孫であり、豊臣家で人質同然の生活を送っていた。「千姫を救った者に妻として千姫を与える」と家康が口走ったせいで、出羽守が体を張って千姫を助けるものの、彼女は断固として拒絶、仕方なく家康は出羽守に領地を与えて、千姫を本多平八郎のもとへ嫁がせる。一徹な性格の出羽守は憤怒し、千姫の輿入れの行列に斬り込んで自害する。彼に仕えていた新六（菅原謙二）は、仇討のために千姫に近づくが、次第に二人は惹かれ合ってゆく。本当は主君の敵討ちのために近づいたことを知ってしまった千姫は嘆き悲しみ、尼になることを決意。恋と復讐との板挟みになって苦悩する新六は、出羽守と同じく千姫の行列の前で死を遂げるのだった。

占領下ならば即刻禁止される仇討ちや切腹など、前近代の封建思想が盛り込まれて、西洋の観客が好むような未知の国が演出されている。活劇の場面ではカット割りがこまかいが、京マチ子のシーンになると、ゆったりとした歩行や振る舞い、「のろい」会話、舞台的な「型」の演技が、固定カメラと長回しの組み合わせでとらえられる。引き延ばされる映画の時間、意図的にダレている場面が多く、まさに『地獄門』の再現にすぎない。だから当時の批評も芳しくなかった。

とはいえ、京マチ子の演技は、それまでにない色気を帯びている。『痴人の愛』や『牝犬』のように肉体をあらわにして男を誘惑するエロスでもなく、『羅生門』や『雨月物語』のように覆い隠した肉体からほの見えるエロスでもない、漏出するエロスとでもいえばいいだろうか。とくに中盤で千姫が遊興に耽って乱れるシーンで見せるしぐさや表情は妙に色っぽい。

ありふれた類型的なキャラクターと手あかのついた悲劇の物語だが、『千姫』で見せる京マチ子の圧倒的な存在感に、観る者は目を奪われる。時代劇の世界のプリンセスを高貴かつ艶やかに見事に演じ切った京マチ子。初期のイメージからは遠く離れたこの古典美の権化は、ついには楊貴妃をも演じてしまうだろう。

6 精彩を欠いた『楊貴妃』

溝口健二の『楊貴妃』（一九五五年）は、ヴェネツィア国際映画祭に出品されたが賞を逃した作品で、一般に失敗作とみなされている。大映と香港のショウ・ブラザーズとの合作で、永田雅一とランラン・ショウのプロデュースだが、大半は大映のスタッフによる製作、カンヌ、ヴェネツィアの「グランプリ女優」とヴェネツィアで三年連続「銀獅子賞」を受賞した監督を組み合わせた超大作である[22]。

謳い文句は「皇帝と町の娘の悲恋物語！　大映が再び築かんとするグラン・プリ映画の金字塔！」[23]。撮影は『源氏物語』でカンヌ国際映画祭撮影賞を取り、グランプリを受賞した『地獄門』でも撮影監督を務めた杉山公平、音楽に早坂文雄、美術は水谷浩と、最高のスタッフが起用されている。ちなみに助監督は増村保造である。

唐王朝の中国史劇だが、史実をほとんど無視して、妃を失い悲しみに暮れる玄宗皇帝（森雅之）と、楊家の娘である玉環（京マチ子）のロマンスが焦点化されている。この作品はしばしば別の「事件」で語り継がれている。杉村春子が演じている延春郡主は、もともと入江たか子が演じる予定だった。ところが溝口は、戦後に「化猫映画[24]」が大当たりした入江に向かって「猫ばっかりやっているからそんな芝居ができないんだよ」と罵倒したり、入江が本番で階段でつまづいてしまい明らかなNGを出してもOKを出したりと、陰湿な嫌がらせをしたという。追い込まれた入江は自ら「降板」することになる。一説には、戦前の大ヒット作『瀧の白糸』で入江プロダクションの雇われ監督になったことに溝口は反感をもっていたといわれるが、助監督だった増村は少し違った見方をしている。

リアリズムの作家である溝口は、自分が精通している社会や下層に生きる女を描かせたら超一流だが、中国の唐における上流社会の貴族を演出しなければならなくなった。自分がまったく知らない世界を描かなければならなくなって、当惑し狼狽したのではないか。現場では、セットを

22――『西鶴一代女』『雨月物語』『山椒大夫』と一九五二年から三年連続で受賞。なお、四八年～五二年までは銀獅子賞に相当する「国際賞」があった。
23――「〝楊貴妃〟の話題をあつめて此処に」、『映画ファン』一九五五年六月号、九四頁。
24――日本の怪談映画の一種で、戦前は妖婦を多く演じた鈴木澄子が化猫に扮し、戦後は人気が低迷していた入江たか子が演じて「化猫女優」と呼ばれた。

三日もかけて作り直させたり、役者に八つ当たりしたり、半月くらい仕事にならなかった。どうにか貴族出身の楊貴妃を町の娘という設定に変え、明治の庶民の感覚に結びつけようとしたが、それが限界だった――。以上が増村の見解である。[25]

京マチ子は『雨月物語』の現場では、それほど気張らなかったし、怖いという印象よりもただひたすら一生懸命にやったと語っている。それに対して『楊貴妃』の現場では、溝口に「京くん、君、そんな気持ちでこの台詞をしゃべってもらったら困りますよ」と真っ赤な顔をして怒鳴られたという。彼女は、「手足をもがれた」ようで「自由がきかない」厳しさを毎日毎日、ワンカット、ワンカット味わった。「カチンコチン」になった京マチ子は「もう先生の作品は堪忍していただきたい」と思ったとまで話している。[26]彼女自身も溝口と同じように、楊貴妃の役柄をまったく摑めなかったようだ。当時を振り返って、衣装の仕立て方から違い、ヒラヒラが袖についているせいで、手のやり場にも困ってしまったと語っている。[27]実際、『千姫』に見られたような伸びやかさはなく、演技そのものが精彩を欠いているようにも見受けられる。

中盤に唐突に挿入される入浴シーンでは、これまでの肉体派路線（さらす）／国際派路線（覆う）でもない裸体が映し出される。ふくよかな裸を後ろから狙ったカメラによる、世俗的な妖艶さでもなく、格調高いエロティシズムでもない「中途半端」なシーン。国際派路線にあって、世俗的なエロスを体現するような演技は、京マチ子の成功パターンからすれば避くべきものだった。西洋に対する日本ではなく、中国と日本をブレンドした「中途半端」な世界は、観客には曖昧なものと映っただろう。

見どころの一つである皇帝と楊貴妃が、祭りで盛り上がる長安の町へ出かける場面、人でごった返す様子をクレーンの長回しでとらえる導入部は素晴らしいものの、東洋版『ローマの休日』さながらの、取ってつけたような演出が続き、この後もスペクタクル史劇とラブロマンスがうまく絡み合っていかない。『羅生門』から続いてきた約五年間にわたる国際派路線はこのあたりで行き詰まりを見せる。前近代の日本を生きる古典的な女性が飽きられてきた頃でもあり、すでに三〇歳を超えていた京マチ子は、新たなステージへ行く必要があった。

そこに話を進める前に、悪女を演じ続けた初期のイメージ、そこから時を置かずに転換して前近代の日本へと向かっていったイメージ、その両極の間で引き裂かれた京マチ子が、なぜかくも人気を獲得することができたのか、その人気の源泉を映画とは違う面から考察し、京マチ子の素顔へと迫ってみたい。

25――『ある映画監督の生涯　溝口健二の記録』(新藤兼人、一九七五年)。
26――同前。
27――京マチ子「女優・京マチ子、世界的巨匠を語る」、『キネマ旬報』二〇一五年一一月上旬号、三七頁。同誌の一九八四年三月下旬号・四月上旬号より再録。

第三章

真実の京マチ子——銀幕を離れて

1　戦後派スター女優たち

　京マチ子がスターとして全盛を誇った一九四九年から五〇年代中頃にかけての最大のミステリーを解明しておく必要があるだろう。役柄になりきる「性格俳優」＝カメレオン俳優と違って、スターといえば誰もが想起する固定化したイメージがある。たとえば、原節子は知的で清純な気品あるイメージ、三船敏郎なら野性的で実直なイメージ等。華族出身の高貴でモダンなイメージで人気だった入江たか子の場合、戦後に「化猫女優」に方向転換しているが、京マチ子のように、まったく対極のイメージを同時期に保っていたスターはきわめて珍しい。

「肉体派ヴァンプ女優」から「国際派グランプリ女優」へ。さらけ出した肉体を隠し、刺激的なパフォーマンスを抑制し、現代劇のアプレ女性から時代劇の高貴な古典的女性へと、スクリーンのイメージや演技を一変させた京マチ子――。ここである疑問が生まれるだろう。すなわち、エロ・グロのカストリ文化を体現した肉体派として人気を誇り、〈日本〉をぶち壊してきた京マチ子が、なぜこれほど正反対な古典的女性＝〈日本〉のイメージへとすぐに転換でき、さらにそれが大衆に受け入れられたのかという「謎」である。

　スクリーンにおけるイメージの転換は、もちろん女優としての演技力や顔の構造そのものが両義性を兼ね備えていたということで理解できるだろう。西洋的な大きな目やインパクトのある強いまなざし、豊満な肉体で存在感を示す彼女は、同時代の日本には類を見ない、バタくさい戦後派女優として個性を放っていた。その一方で、ふっくらとした丸顔やおちょぼ口、高くない鼻、メーキャップによってキャラクターの変化がはっきりと伝わる顔の構造は、前近代の日本における古典的な女性になり切ることを可能にする。このような西洋と日本を行き来する両義的な女優は、たとえば、入江たか子や原節子など、少ないながらも存在した。

彼女たちと違って、初期の京マチ子の「新しさ」は、インパクトのある肉体の過激なパフォーマンスと華やかで開放的な存在感にあった。だが、それだけであれば、一過性の人気で終わっていただろう。彼女が長きにわたってスターダムに君臨し続けることができた理由はほかにもある。ミステリアスな「顔」の魅力である。『雨月物語』のイメージを借りていうならば、京マチ子には「能面」のように表情の変化を可能にする「顔」の不思議な魅力がある。とはいえ、この転換——肉体派で人気を誇っていたスターが真逆のイメージで人気を得ること——が、なぜ戦後日本の観客に受け入れられたのかという疑問は残る。

その解明には、大衆にとってのスターというものが、どのような存在なのかを理解しておく必要があるだろう。現代ならばスターやアイドル、モデルやタレントのイメージを作り出す上で、ラジオやテレビだけでなく、インスタグラムやツイッターといったSNSがきわめて重要な役割を担っている。こうしたメディアでは、所属事務所がイメージを維持するために介入するケースがあるものの、一般には本人がファンに向けて直接的に情報を発信していることになっている。

たとえば映画スターなら、作品内で演じた役柄のイメージだけでなく、テレビ番組に出演した際に見せる「素」の会話や表情、インスタグラムで更新される現場のオフショットや私生活のイメージ、ツイッターで発信される「ありのままの言葉」も含めて惹かれるファンは多いはずだ。あるいは、インターネットで拡散されるスキャンダルを目にして興ざめしてしまうこともあるだろう。つまり、演じられたキャラクター（映画の登場人物）だけでなく、映画を離れたほかのメディアでこそパーソナリティは構築されていく。ここでいうパーソナリティとは、いわば、複数のメディアで作り上げられていくパブリック・イメージのことである。

京マチ子の活躍した時代にあって、一般大衆と直結していた娯楽雑誌、とくにファン雑誌は、スターイメージを作り上げる上で、現代のＳＮＳと同じくらい影響力をもっていた。すでにスターシステムが興行の主軸となる時代だったが、ファン雑誌には、スターのお宅訪問、スターの座談会、スターへのインタビューなどが掲載された。映画会社は雑誌を媒介にして映画スターのイメージを強く押し出し、スター自身もそれを作り上げ、映画ファンはそれらを通して、役柄を離れたスターの「真実の姿」を受け取った。熱狂的なファンは、雑誌に設けられた投稿欄でスターへの讃辞を積極的に送った。いまとは決定的に異なっているとはいえ、ファン雑誌というメディアは、作り手とファンがインタラクティヴな場を形成する貴重な媒体だったのである。

したがって、京マチ子の変遷を考えるにあたって重要なのは、当時のファンにとって彼女がどのような存在であったかを理解することである。デビュー直後の京マチ子は、自身のパーソナリティをファン雑誌や娯楽雑誌でいかに作り上げていったのだろうか。

まずは肉体派女優として売り出された京マチ子が、国際派女優へと移行していく前、つまりデビューから『痴人の愛』で人気を獲得し、『偽れる盛装』で演技賞を受賞して女優としても評価されるまでを総括する言説から、彼女の人気を確認しておきたい。一九五一年、『源氏物語』に出演する前の記事である。

戦後すい星の如くに出現して、たちまちの内に、アプレゲールの肉体派スタアとして売り出した京マチ子の存在は、大映ばかりでなく、日本映画界に取っても大きなプラスである。然し彼女も二ケ年間に十二本の作品に出演して、見事に第一級のスタアの地位を獲得し、今やその人気も頂上に達した感がある。[1]

実際のところはどうなのだろうか。人気投票のデータから見えてくる一九四六年から六四年までのスター女優の人気の変遷に関しては、別のところで論じているので、ここでは詳しく触れない。[2] 当時、『近代映画』とともに圧倒的な発行部数を誇っていた『映画ファン』という雑誌では、

1——「トピックの人　噂のスタアに訊く——肉体女優で売り出した京マチ子さんに訊く」、『近代映画』一九五一年二月号、四〇頁。

京マチ子は第四位にランクインしている（一九五二年五月号）。これら映画ファン雑誌の二誌に、人気投票を大々的に実施していた大衆娯楽雑誌『平凡』を加えて、戦後派の女優を見てみると、五〇年代後半に圧倒的な人気を誇った若尾文子が登場するまでの五〇年代前半、戦後派スターでトップ5に入っているのは、京マチ子、津島恵子、淡島千景、桂木洋子、岸恵子、香川京子、南田洋子である。戦前から人気の高いスター女優がひしめくなか、これら「第一次戦後派スター」とでも呼びうる女優たちが一挙にスターダムへと登場してきたのだ。

占領期にトップの座を維持しているのは、戦前から活躍してきたスター女優の原節子、高峰三枝子、高峰秀子。五〇年前後における京マチ子の肉体派時代、戦後派スターのなかで彼女よりランキングが高く、目立っていたのは津島恵子のみである。ここで、戦後派女優の人気に関して興味深い対談があるので紹介しておこう。一九五一年に『映画ファン』でおこなわれた、戦後のスターたちをめぐる座談会である。参加者は淀川長治や双葉十三郎など、映画批評家を中心とした、いわゆる戦前派のインテリ男性たちだ。

双葉　そうすると、やっぱりナンバー・ワンは、京マチ子かな。
淀川　新人としては大物の感じだね。
双葉　始め、京マチ子は肉体女優として売出したが、最近は、一種のパーソナリテイとして、芝居もうまくなってきているし、女優としてガラ（引用者注：体格のこと）はあるし、洋々たる将来を感じさせられるね。

上野　いまだに大映は、彼女を肉体女優で売っているが、これは彼女の為に損だ。

〔……〕

淀川　セリフのメリハリが強味だね。

上野　もうそのクラスは居ないね。

岡　京マチ子に匹敵するのは居ないよ。

〔……〕

本誌「映画ファン」のベスト・テンでは、京マチ子よりも、津島恵子の方が上なんですが……。

双葉　京マチ子が一番じゃないと云うのは、大人の観客が少ないと云うことになる。

岡　それに津島恵子は「帰郷」で人気が俄然上ったんだし、京マチ子の「偽れる盛装」がもっと早く封切されてたら、少し、この順位は狂ったかもしれない。[3]

この発言はある意味で正しい。先にあげたファン雑誌や娯楽雑誌の読者は、一〇代から二〇代

2――北村匡平『スター女優の文化社会学――戦後日本が欲望した聖女と魔女』作品社、二〇一七年、四四―五一頁。

3――上野一郎・岡俊雄・尾崎宏次・双葉十三郎・淀川長治「新人総まくり――戦後華やかに進出してきた新人の一人一人を俎上にのせて批評家に解剖して頂いた座談会」、『映画ファン』一九五一年四月号、三六頁。

が大半で、人気投票に参加した読者のほとんどが若者だからである。残念ながら、すべての年齢層を対象としたデータはない。とはいえ、京マチ子のスターイメージを考えると、若者以上に大人にアピールする魅力であることは想像できるだろう。加えて、人気投票で上位に入っているスター女優のほぼすべてが、いわゆる「可愛い」か「綺麗」な「清純派」ばかり。つまり、京マチ子のような、男を誘惑して堕落させる悪女のランクインは、きわめて「異例」なのである。

2 京マチ子の「素顔」

繰り返し述べてきたように、彼女の「謎」を解明するための鍵となるのは、「演じている」という前提で観られる映画ではない他のメディア――「演じていない」とされる雑誌などの媒体――で、どのような存在として映っていたかである。ここから雑誌メディアを中心に、彼女の本当の「人格（ペルソナ）」――当時の観客や読者が抱いた彼女のパーソナリティ――を再構成してみよう。まずは『痴人の愛』に出演して全国的な知名度を得る前に、彼女の姿がいかに語られていたかを確認したい。同作を監督することになる木村恵吾は、次のように述べている。

ふだんの京君から受ける感じは、その堂々たるとでもいいたいような立派な体軀（たいく）や、ある種の妖しさを感じさせられるステージのそれとは全く異って、実に可憐な感じを受ける。おっとりとした人間の好さというものを十二分に感じさせてくれる。[4]

彼女をスターダムへと送り出すことになるこの演出家は、「可憐」で「おっとりとした」という言葉で京マチ子をとらえている。『痴人の愛』において露出する肉体、自己主張の激しいアプレ、魔性のヴァンプで世間を驚かせ、その後、「肉体派」として確固たるスターイメージを確立した彼女を形容するのに、まったくふさわしくない言葉が使われていることに、おそらく（肉体派時代の）読者は違和感をもったはずである。

一九四九年の同じ雑誌の記事では、大映でわずか三作品に出演した時点での京マチ子自身が、歌劇団と映画の撮影現場の違いについて次のように語っている。

> もっと面くらったことは、撮影が始まるまで待たされる時間が長くて雑談ばかりしている間に、せっかく念頭に入れておいた筈の演技の用意が、さあ撮影という間ぎわになって忘れたり乱されたりすることでした。そこで、最近では一度セットに入ったらどんなに親しいお友達が来ても絶対に雑談しないで、いつ呼ばれても慌てないように待機することにしています。〔……〕

4――木村恵吾「ニユー・フエイス登録帳　京マチ子のこと」、『映画ファン』一九四九年六月号、三四頁［傍点引用者］。

その次に、これは未定ですが、もしかすると谷崎潤一郎先生の『痴人の愛』のナオミの役で出るかも知れません。そんな大役をやらせていただいて、もしも失敗したら……、と思うと今更のように、映画界なんて大変なところに飛びこんだものだ、と後悔させられます。

どっちにしても、私には劇映画のスタアになれる自信はありません。出来ることなら三枚目のような明るい役に使っていただきたいのです。[5]

自信なさげで生真面目なこの女性と、『痴人の愛』や『牝犬』の魔性の女が同一人物であるとは信じがたい。次に、普段の京マチ子をよく知っている人物の証言を見てみよう。『痴人の愛』が公開された一九四九年一〇月一六日と同時期の記事である。そこでは、「何処へ行ってもスタア顔せえへんし、子供が好きやし、几帳面で人を待たせるのが嫌い、撮影のときなど楽屋に入るのが一時間前[6]」という、彼女のマネージャーの言葉が紹介されている。京マチ子の記事にたびたび登場するこの人物は、市川たかという女性マネージャーで、もともと友人だった。京マチ子自身が、「歌劇時代から、姉となり、相談役となり、マネージャーとなって後押し」をしてくれ、「彼女がもしいなかったら、私の映画入りも実現しなかったかもしれません」とまでいわれるほどの存在である。[7]

京マチ子を大映に引き抜いた松山英夫は、彼女が「俗に戦後派の代表だといわれるが」という『映画新潮』編集部の質問に対して、「反対だな。アプレなんて浮ついたものじゃない」と断言して、いかに彼女が幼い頃から芸を叩き込まれ、芸に徹しているかを力説している。[8] 京マチ子自身、「たいへんなアプレだと思われてますのよ。むしろ全然アバンで自分でももう少しアプレになりたいと考えています」と木村恵吾との対談で話している。[9] ここで触れられている「アプレ」とは、戦前の価値観や既存の道徳観に欠けた「ドライ」な若者たちを指し、「アバン」とは、戦前の規範に基づく古風で義理人情のある戦前派という意味である。

彼女を演出する機会が多かった木村恵吾も、「京マチ子を今日あらしめたのは、全く彼女の努力であった」と繰り返し語っている。木村は、セットの片隅で出番を待っているときに、誰が訪れても気づかずに「不屈な風貌」を湛えている点に触れ、「ただワンカットへの情熱で、彼女の心はいっぱいである」と現場の京マチ子を描写する。[10] それから十数年経って、すでに人気も衰え、

5——京マチ子「ニユー・フエイス登録帳　私の希望」、『映画ファン』一九四九年六月号、三五頁。
6——則武亀三郎文・由原木七郎画「京マチ子さんインタビュ——ペラペラと大阪弁で」、『映画物語』一九四九年一一月号、二頁。
7——京マチ子「異国の父を思いつつ——京マチ子自叙伝」、『婦人倶楽部』一九六二年一二月号、一五二―一五三頁。ずっと未婚を通した京マチ子は、デビューから六〇年代にかけて母と祖母、市川と一緒に生活をし、七〇年代には市川とお手伝いさんとの三人暮らしだった（「スター誕生　第一回　京マチ子」、『週刊娯楽よみうり』一九五五年一一月四日号、六六頁。「ウワサのない女優　京マチ子・香川京子の周辺」、『主婦と生活』一九六二年一二月号、一四三頁。「独占・人間秘話　京マチ子48歳」、『週刊平凡』一九七二年一二月七日特大号、六三頁。
8——「編集部が追跡した！　京マチ子の秘密」、『映画新潮』一九五一年一一月号、一二頁。
9——木村恵吾・京マチ子［対談］「肉体美なんか買わないよ」、『映画ファン』一九五二年二月号、八七頁。

テレビや舞台へと活動の場を移していた時期にも、初期の京マチ子を彷彿とさせる次のような記事が脚本家の花登筺によって書かれている。

実際、彼女の仕事に対する執着には、目を見張る。一編の台本を得てからは、一切の私生活から去り、自らホテルに閉じこもり、その役の研究に没頭するという。そして、その間は、一歩も外に出ず、本読みの時は完全にその役に没頭しているという。その間約一カ月、これが三月、明治座での彼女の姿であった。再び言いたい。果して、こんな事の出来る女優が何人いるであろう。マスコミに乗り、数冊の台本を手に、車でかけ回り、欲望と仕事と生活を並行して行ける人たちの中で、彼女は、すべてを仕事に向けている。これが京マチ子が自ら創り出している執念である。この執念が演技を創り、いや演技さえ超越して、まず観客の心をうつ。(「朝日新聞」一九六四年三月二二日付)

全力で仕事に打ち込む熱心さは、デビューから引退までまったく変わらなかった。『牝犬』の助監督だった齋村和彦は、男を誘惑し、淫らなファム・ファタールを演じる役柄と素顔の京マチ子とのギャップについて、「ところで京ちゃんほど純情な女はいませんよ。世間や男の悪いところ、お色気の方面など、それこそなにも知らない。おそらく映画界で唯一の純情女性だといえます」と語っている。[11] 実際、京マチ子ほどスキャンダルがない女優も珍しく、浮いた噂もない[12]。このようなイメージは五〇年代を通しても一貫して保たれた。

あの社会での色恋沙汰は、日常茶飯事のようである。ところがかの女にはこれがない、絶対にないといえるかも知れない。かの女を知る限りの人は、すべてこれを保証していた。かの女の年は三十に届こうとしている。それなのに処女だというのである。自からは適当な相手があれば、恋愛もする結婚もしたいといっているが、口でいうだけで、熱意がない。あるいは永遠の処女に終るかもわからない[13]。

「永遠の処女」と謳われたのは原節子だが、異性とのスキャンダルもそのスクープもなく生涯を独身で過ごしたスター女優という意味では京マチ子とかなり共通点がある。興味深いのは、純潔なイメージのシンボルであった原節子が、スクリーンとそれ以外のパーソナリティに矛盾がなかったのに対して、京マチ子の場合は、スクリーンを通しての肉体派ヴァンプ女優とそれ以外のパ

10――木村恵吾「二つの京マチ子論　誤解しないで下さい」『映画新潮』一九五一年一一月号、一三頁。
11――「京マチ子の秘密」、『映画新潮』一九五一年一一月号、一三頁。
12――筆者の調査で唯一見つかった恋愛のゴシップは、力士の輝昇(てるのぼり)勝彦とのものである。近江不二「京マチ子と力士輝昇の秘密の恋――愛は益々深刻になつて来てゐる」、『青春タイムズ』一九五一年二月号、六二―六三頁。
13――阿部真之助『現代女傑論――現代日本女性を代表する十二人』朋文社、一九五六年、二七六頁。

ーソナリティがまったく相反する点である。色恋も知らず純情な乙女として生きてきた人物が、なぜあれほどまでに恐ろしい妖婦や色気があふれ出るヴァンプを演じられたのか。

ファン雑誌からもう少し、このギャップについて見ていこう。『源氏物語』に出演する前の京マチ子に焦点を当てた一九五二年九月の記事では、着物で畳に横座りになった彼女が微笑んでいる写真が掲載され、批評家の清水千代太は、カスリの着物で現れた彼女を「スクリーンに見る京マチ子とはガラリ変って、淑やかな令嬢である」と記している。清水いわく、「生地の京マチ子が、スクリーンの映像の京マチ子と、相異るものであるからこそ、映画女優京マチ子の生命はあるのだ[14]」。「生地の京マチ子」は、スクリーンの彼女と違って、傲(おご)らず謙虚で、恋愛経験もなく、映画(仕事)が恋人、舞台で服を脱いでいく「ストリップチーズとは正反対の女性美を、きものの京マチ子さんは、輝かしく発散する」のである[15]。

この他、五〇年代には、「あれだけの肉体とアッピールする魅力をそなえている人はザラにはありません。さぞ情熱的で、会ったら、こっちがフラフラとさせられてしまうような女優かというと、これがまた舞台やスクリーンとは打って変った無口な女性なのだから愉快です[16]」と評されたり、「映画と生地の印象がちがう[17]」という記事が書かれたりしている。一九五三年に京マチ子は『雨月物語』と『黒豹』『あにいもうと』『地獄門』に出演している。『牝犬』(一九五一年)で共演した根上淳が、その翌年、京マチ子にメッセージを送るという企画で次のように述べた。

今迄、貴女の映画をかかさずみておりますが、みていると、何時もといっていい位に、貴女は、強い性格の女性を、ごく自然にこなしておられます。併し、映画の上で、その様な役をこなす貴女も、普断(ママ)は、ごく大人(おとな)しいお嬢さんなのにびっくり致します。セットの待ちの間(あいだ)、ちゃんと坐って編物をしているかと思えば、又、台本をたんねんにみて、演技のプランをねり、又、仕事のない時、僕ならば、大概、街へ遊びに出るというのに、貴女は家にいて、お母様に孝養をつくされていると人伝(ひとづて)ですがきいております。又、暇をみつけて釣に出られる貴女のことを考えると、演技に対する貴女と、はたして、同じであったのかと迷ってしまう時があります。[18]

こうした京マチ子のパーソナリティは、映画会社のプロモーションを離れ、本人や関係者を通じて、さらには一般の映画ファンによっても拡散される。たとえば一九五四年、直接の知り合いでもないファン雑誌の読者が、「京さんは戦後派でも礼儀正しいし、無駄口などいっさいしない

14——清水千代太・京マチ子〔対談〕「淑やかな令嬢」、『近代映画』一九五二年九月号、七〇—七一頁。
15——同前、七二頁。
16——春山茂「歌と踊りのスタア評判記」、『近代映画』一九五三年二月号、一七三頁。
17——「映画と生地の印象がちがう——京マチ子さんとはこんな女優さん」、『近代映画』一九五三年一一月号、二二七頁。
18——根上淳「京マチ子さんにおくる　京マチ子さん」、『近代映画』一九五四年一二月号、六一頁。

一面冷静なところさえもある」[19]と投稿している。ちなみに彼女の趣味は釣りである。これは彼女が何度もインタビューで述べてきた、女優にしては珍しい趣味で、多くの著名人の文章を収録した『釣り天狗』という書籍に、「たよりない釣り」というエッセイまで寄稿している[20]。

彼女は古風で義理がたく、いつも謙虚な人間としても知られている。映画が斜陽化していくとき、彼女は他の女優と違って一九六四年までテレビに出ることを避けていた。いわく「映画が不況のときに、映画で育ててもらった私が、若い人のように、ヒョイとテレビに出ることはできなかった」[21]。また関係者の証言では、大映の経営が傾きかけてくると、「しだいに、大物スターが大映のパーティーに顔をみせなくなってきた。しかし彼女だけは大映が倒産する、さいごのパーティーまで出てきていた」（共立通信・平塚英治編集長[22]）。

ここまで複数の媒体からの引用を続けてきたが、これらはもちろんほんの一部で、映画の京マチ子と素の京マチ子のギャップが甚だしい点について語った批評は山のようにある。こうした言説は、ヴァンプでアプレな初期のイメージを「現実」の彼女から引きはがそうとするものだった。では、「素の京マチ子」像を改めて整理してみよう。

可憐でおっとりとした純情な女性。お色気に無知で、礼儀正しく、義理を重んずる。仕事に熱心な努力の人。無口でしとやかなアヴァン――。多くの人はここで気がつくだろう。この雑誌メディアで作り上げられたパーソナリティは、まさに彼女が初期のイメージを反転させて作り上げられた「国際派グランプリ女優」のイメージとぴったり一致するのだ。このように作り上げられた

「素の京マチ子」のイメージがあったからこそ、戦前や前近代の日本女性を演じはじめた京マチ子を、観客は「リアル」に感じることができたのである。

デビューからわずか数年で、初期の肉体派としてのイメージは揺らぎはじめる。一九五四年に京マチ子について雑誌に投稿した静岡の映画ファンは、「勿論容貌からして王朝時代の美女に相応しい」と述べ、また京都の別のファンは、「洋服よりも和服がぴったりする京さんの個性は、どうみても時代劇において潑剌として来ます。京さんの持っている古めかしさがものをいうのでしょう」と書いている。[23]

少し前まではこれとは真逆で、洋装が似合う、現代劇での京マチ子の急進的なイメージが支配的であった。こうした転換がスムーズになされたのは、映画以外のメディアにおいて、彼女が古風で純情な、しとやかな大和撫子像を作り上げていったからなのである。

19――「京マチ子の採るべき道」、『映画ファン』一九五四年一〇月号、八八頁。
20――朝倉文夫ほか『釣り天狗』中央公論社、一九五五年、五一―五八頁。
21――前掲「独占・人間秘話　京マチ子48歳」、六五頁。
22――同前。
23――前掲「京マチ子の採るべき道」、八八頁［傍点引用者］。

3 スターの「物語」の共有

京マチ子が不幸な生い立ちをもち、真面目に芸に打ち込んできたことは、デビュー当時に多くの雑誌で語られている。一四歳の頃から舞踊一筋で歌と芝居が苦手だった彼女は、映画界に転身すると一生懸命に演技を学んだ。大阪松竹歌劇団の頃から、結婚も恋愛も考えず、ただ仕事一筋で苦難の道を歩き続けてきたという。戦前、「ハッピー・フェロー」で初舞台を踏んだ彼女は、他の少女たちが帰り道にあんみつやおしるこを食べに行くときも、仲間に加わることなく帰宅、一三円の月給をそのまま母に差し出した。[24] 五〇銭銀貨一枚で三、四日過ごさなければならなかった彼女にとって、歌劇団の帰りにお茶を飲んだり、買い物をしたりという選択肢はなかった。

彼女の母親（矢野保子）は明治三六（一九〇三）年に生まれ、大阪市の築港の近く、港区八幡屋に住んでいた頃に女の子を産んだ。[25] 長女で一番先に生まれたからという理由で「元子」と名付けた。それが京マチ子である。

彼女の父と別れた母は、再婚すると娘が不憫だからと、ミシンの内職をしたり小さな小間物屋を出したりしながら元子を育てた。そんな折、叔父が「モーちゃんは踊りが好きやさかい」といってある日、大阪松竹少女歌劇団の公演を見せようと大阪劇場へ連れていった。元子が小学五年生のときのことである。はじめて見る華やかなパフォーマンスに魅せられてすっかりはまってしまう。それ以来、元子は叔父にせがんでは劇場に通うようになった。やがて小学校卒業後は松竹歌劇団に入りたいと強く希望するようになる。女学校へ行かせる余裕のない母はそれを承諾、応募した一三〇〇名のなかから八〇名が採用され、一三歳の彼女もそのなかに入った。

その頃、生き別れになった父親が南米にいることがわかり、手紙を送ると返事が来て、すでに二度目の結婚をして三人の子供がいることが知らされた。母と子は悲しい思いに駆られた。そうこうするうちに戦争が勃発し、その影響で公演が少なくなって慰問に駆り出された。一方、空襲が次第に激化し、焼夷弾に見舞われて母と子は焼け出されてしまう。彼女を我が子のように可愛がってくれた叔父も病死、母と子は終戦直後、住める家をようやく見つけた。その家にはガスも水道も引かれていなかった。親孝行の彼女は、はやく母親に不自由のない暮らしをさせてあげたいと強く願った。彼女が映画界へと進んだのも、母親を楽にさせてやりたいという気持ちがあったからだろう。幸運にも京マチ子はデビューするや瞬く間にスターダムへと躍り出ることになる。『地獄門』がカンヌを制した後、一九五四年の秋、京マチ子はフランス、イギリス、アメリカなどに旅立つことになった。カンヌ映画祭で主演作がグランプリを受賞した感謝の気持ちを海外の

24――牧野正樹「京マチ子と車上で語る」、『丸』一九五一年六月号、六二頁。
25――以下、京マチ子の生い立ちは、堀田金四郎「美しき銀幕秘話　白い脚線美に母想ふ心」、『近代映画』一九五〇年八月号、七四―七五頁を参照。他にも、京マチ子「わが生い立ちの記」、『新映画』一九五〇年三月号、六六―六九頁。京マチ子「生立ちの記」、『大映ファン』一九五〇年三月号などがある。

ファンに伝えるためだ。

当時の新聞は、「マブタの父たずねてブラジルへ」という見出しで、彼女のこの旅行を報じた。彼女のブラジル行きは、生き別れになった父親に会うためだった。父の名は、石田治三郎といい、離婚するとすぐに単身ブラジルにわたり、洋服業やラジオ商を営んでいた。その父のいるブラジルから突然、手紙が届いたのである。それを読んだ京マチ子は、会いたい気持ちでいっぱいになったという。すでにその二年前、大映の松山常務がウルグアイ映画祭に出席した際、京マチ子の父親と接触していた。京マチ子そっくりな上品な老人に向かって、彼は「京は肉体女優とかいわれているが、平素はおとなしい女性で趣味が釣りと編みもの」（「読売新聞」一九五四年四月一九付日夕刊）だと伝えた。

彼女の父は、娘の出演作『遥かなり母の国』がサンパウロで上映されたとき、初日の朝、開場の二時間前に飛んでいった。その後も『羅生門』から『楊貴妃』まで、彼女の出演作がサンパウロにやってくると、欠かさず映画館に通ったという。娘がスターに成長したことを知って以来、ずっと再会を望んできた。結局、一九五四年秋にはその夢は叶わず、親子が再会できたのは一九五五年九月一九日、ブラジルではなくアメリカでだった。その年、京マチ子は欧州への旅を終えてニューヨークへ向かった。忙しい身である娘のことを考慮した父親は、はじめての飛行機に乗ってサンパウロからニューヨークへ飛んだ。そして夜九時頃、二人は劇的な再会を果たした。

そのときの率直な気持ちを、京マチ子は「何とも言えない妙な気持です。会いたい会いたいと思っていて、いざ会っちゃうと変な気持、口では表わせません」(「読売新聞」一九五五年九月二一日付夕刊)と記者団に話した。

一九五〇年代には、現在と違って日本人が共有できる大きな物語があった。映画という巨大な装置、それを取り巻くメディア環境、いまだ多様化していない娯楽産業……。大衆は映画スターの結婚やスキャンダルに大いに沸いた。子役から映画デビューして国民的人気を誇った高峰秀子の突然のフランス滞在に驚き、松山善三との結婚を祝福した。国民女優である田中絹代がアメリカから帰ってきて空港で投げキッスをするとアメリカかぶれだと怒った。美空ひばりに塩酸がかけられる事件には驚き悲しんだ。

スキャンダルや浮いた噂がなく仕事一筋の京マチ子に関して、多くの映画ファンが共有したのは、おそらくこの父との別離と再会の「物語」だろう。彼女の不幸な生い立ちに同情し、生き別れた父とようやく再会を果たすこのエピソードを、多くの日本人は共有したのである。

4 映画以外での国際スターとの「共演」

連合軍の軍事力に屈服した日本は、『羅生門』の世界進出を通して、文化の力で再び世界の表舞台へと立ち上がる回路を見出してゆく。たとえば、世界的にもっとも知名度の高いスター女優だったイングリッド・バーグマンが、『羅生門』を観て「日本への憧れが出来てきた。仕事の余裕さえ出来たら日本に行きたい。そして京マチ子さんには是非会ってみたい」と語ったという（「読売新聞」九五二年三月一七日付）。一方的にまなざしを送るのではなく、相手からのまなざしを受けること、さらには名指されること。ここには、オリエンタリズムにおけるまなざしの相互作用を見てとることができる。

『地獄門』がカンヌを制したとき、新聞は京マチ子のことを「ヴェニス、カンヌ両映画祭で受賞した日本映画四本すべてに主演しているので海外での人気も日本女優代表の感すらある」（「読売新聞」一九五四年四月一九日付夕刊）と書いた。戦前から活躍する大スターもひしめくなか、大映からデビューしてわずか五年の戦後派スター・京マチ子の価値は、いまや最高潮に達していた。

すでに触れたように、永田雅一は欧米からの外貨獲得にとどまらず、東南アジアへの進出をも目論むようになっていた。軍事力を奪われた日本が唯一行使できる文化の力を旧植民地へと及ぼそうとするかのように。実際、東南アジアへの日本映画の進出が盛んになるにつれ、香港では「今年は近く公開予定のものだけでも二十本を数えニッポン女優京マチ子の名が李香蘭で通っている山口淑子をしのぐほど評判になりはじめた」という（「読売新聞」一九五四年五月一三日付夕刊）。

日本映画の海外進出が進むなかで、京マチ子は日本を代表する女優として振る舞わざるを得なくなる。そして、その日本文化や日本の美による日本の復権は、当時、歴史的外傷（トラウマ）を負った多くの日本人に勇気を与えたのだと思う。だから、五〇年代中頃の新聞や雑誌は、こぞって京マチ子と海外のスターを並べて写真を掲載したのだ。

例をあげれば、「心から打ちとけて語り合うマルティーヌ・キャロルと京マチ子」とキャプションが添えられて、フランスのスター女優マルティーヌ・キャロルと京マチ子が仲良く寄り添っている写真（図3－1）（「読売新聞」一九五六年六月七日付夕刊）、「日米二人の美人女優」というタイトルとともにアメリカのスター女優エリザベス・テイラーと見つめ合って談笑している写真（図3－2）（「読売新聞」一九五六年八月一五日付夕刊）などが、大きく新聞に掲載されている。こうした記事と同じような調子で、京マチ子と国際スターを並べて、その親密な関係を強調する記事が、ファン雑誌にも散見される。

図3-1

娯楽

キャロルと京マチ子

パリの約束を果した一夜

心から打ちとけて語り合うマルティーヌ・キャロル㊧と京マチ子

夕ヤミの落ちはじめた昨の六時半ごろ帝国ホテルの一室で約九月ぶり親しく手をとりあっている二人の国際女優がいた。来日中のマルティーヌ・キャロルと京マチ子である。

二人の友情が生れたのは去年の九月なかば、ヴェニスの映画祭に出席した京がアメリカにまわる途中パリを訪れて、単身撮影所の見学に出掛けたときからだ。スタジオで会った二人は言葉もちがい、国籍をかえても同じ芸に悩む人間としての気持は人一倍通じあえた。お互に"肉体女優"といったレッテルは持ちながら、素朴さと誠実味が身上の女優。親しく話しあっただけでなく、こんど日本を訪れたときは必ず会いましょうという約束をとりかわした。来日したキャロルは夫君クリスチャン・ジャック監督の映画関係者との用事もあって関西方面をとび歩き、東京に舞いもどったのが一昨五日夕、落ちつくひまもなくパーティーやらいろいろな会合に引っぱり回されていた。その間も京と連絡をとり、世田谷の成城にある京宅に訪問する段取りを工夫していたが京はきょう七日夜「八月十五夜の茶屋」の撮影のため羽田を発ってハリウッドへ向かうとあって、スケジュールがいっぱい。もっとも安直な方法として京が帝国ホテルを訪問することになったわけ。

ホテルの部屋にふみこんだとたん、キャロルは京のからだにとびつき両ホオに接吻した。懐しさを体いっぱいに現わした熱っぽさ。

「成城のあなたのお宅にうかがって、あなたの部屋を見、あなたのテーブルで食事が出来なくて残念ですが、それはのちの日のこととして」とキャロル。

「この前お会いしたときよりお顔がちがうような感じなのだけど、おやせになったのではないでしょうか」と京。顔の印象がちがうのは髪の毛を脱色して金髪の色を鮮やかにしたから、しかし五日ことに脱色しなければならず手がかかるなど、気心のあった会話のやりとり。キャロルも九日羽田を発つから、ハリウッドで会えることやそのあとパリで一緒に仕事しましょうといった話が果てるともない。

京が贈ったキキョウ模様のロの着物をキャロルが着ると、二人は抱きあって喜びをわかちあった。

そのような戦後の日本人のトラウマに彼女が自覚的だったのかは定かでないが、ヨーロッパでの映画祭に『楊貴妃』を出品する際にかの地に渡ったとき、「買物以外は着物で歩いた」と長谷川一夫との対談で話している。その発言を受けて雑誌記者は「日本人の表徴」のようであり、「着物の美しさ珍しさはまた格別に感ずるらしい」と述べている[26]。そうした京マチ子の振る舞

図3-2

日米二人の美人女優

娯楽

メトロ映画「八月十五夜の茶屋」のためハリウッドに行っていた京マチ子は十五日朝帰国したが「羅生門」「地獄門」などで好演した女優とあって撮影所では大変な人気が集まり「レイントリー・カウンティ」に出演中のエリザベス・テイラーやモンゴメリイ・クリフトらも彼女と歓談、また「八月十五夜の茶屋」で共演しているマーロン・ブランドも、しきりと彼女のキモノ姿をカメラにおさめた。【写真はテイラーと京マチ子】（INP）

いは、日米親善大使として渡米した田中絹代が帰国したときに赤い口紅で「ハロー」といって占領下の日本国民を刺激し、アメリカ文化に「洗脳」されて帰国したのとは対照的であった。

雑誌や新聞で京マチ子が欧米の映画スターと一緒にフレームに収まるとき、ほとんどの場合、彼女は着物を着ている。こうした写真のイメージは、人びとをして、極東の敗戦国のスターが、あたかも世界と「対等」に「親密」に接しているように思わせただろう。そして、このようなポジションを占めることができ、映画を離れても欧米の世界的スターと「対等」かつ「親密」な関係性を築くことができたのは、圧倒的な知名度を誇った女優・京マチ子以外にいなかったのだ。

26――長谷川一夫・京マチ子「魅力対談」、『婦人生活』一九五六年新年特大号、一九七頁。

第四章 躍動するパフォーマンス

――文芸映画の京マチ子

1 『馬喰一代』『浅草紅団』『滝の白糸』——1951-52

本章では、一九五〇年代前半の「肉体派」にも「国際派」にも位置づけがたい、他のフィルムにも触れておきたい。

彼女は大映デビューからわずか二年で「国際派女優」の称号を手にすることになる。『羅生門』がグランプリを受賞したのは一九五一年の九月。その後、『源氏物語』以降、「国際派路線」の作品は年に一本ほどのペースで撮られたが、「ドル箱スター」であった京マチ子は、一九六〇年までの一〇年間、年間平均六本もの映画に出演し続けている。むろんすべてが超大作というわけではない。

とくにこの時期には映画が量産されたが、なかでもブームとなったのは、原作としての小説があり映画化しやすかった「文芸映画」である。戦前や前近代を舞台にしたものが多い文芸映画において何度もヒロインを演じた京マチ子は、自らの存在感によって原作の世界を揺るがすような暴力的なパフォーマンスを繰り広げた。

先に述べておけば、ここでいう「文芸映画」とは、第二章で論じた「国際派路線」で製作された古典文学の映画化も含まれている。プログラム・ピクチャー（週替わりの上映スケジュールを満たすために量産された映画）が多くを占めた五〇年代に、大作主義を貫いていた大映が何度もプロモーションした「文芸映画」「文芸作品」「文芸巨篇」に厳密な定義はない。あえて定義づけるならば、ただの商業映画＝大衆映画と差別化して「芸術的」な格調を付与するために使用された言葉にすぎない。[1]本章であつかうのは、「肉体派映画」にも「国際派映画」にも属さないような文学作品や戯曲の映画化、あるいはオリジナル脚本であっても芸術的な雰囲気をもった映画である。

『源氏物語』以降も、京マチ子は「肉体派女優」のイメージを引きずっていたが、「グランプリ女優」という称号を獲得した彼女に、初期のカストリ文化風の「猥雑さ」は不要だった。踊り子や芸者を主人公にした現代劇もあるにはあったが、低俗なエロは削ぎ落とされてゆく。あからさまに「脚」がクロースアップされることはなくなり、むやみに肌を露出することもなくなる。

『源氏物語』の次に彼女が出演したのは中山正男原作の『馬喰一代』で、京マチ子と「名コンビ」だった木村恵吾が演出した。『羅生門』で共演した戦後派スターのナンバーワン、三船敏郎との共演で、一九五一年の年間配収ベストテン第三位を記録している。ちなみに五一年の配給収入は『源氏物語』が第一位、『自由学校』が第四位と、彼女の出演作が三本もトップ10に入った。[2]

1――当時の雑誌記事では、文芸映画とは「原作物の映画化、それも中間小説以上のレベルの純粋小説の映画化に限って用いられている」ようで、「通俗小説は原作物であっても〝文芸映画〟とはいわない」としている。たとえば、原作物であっても富田常雄の『姿三四郎』や大佛次郎の『鞍馬天狗』は「文芸映画」とは謳っていないが、同じ大佛の小説が原作の『霧笛』は「文芸映画」と称して宣伝された。（「映画観賞（ママ）講座（6）文芸映画に就いて」、『世界芸能画報』一九五四年七月号［頁数の記載なし］。

2――「戦後日本映画各年別配収トップ10」、『映画四〇年全記録』キネマ旬報社、一九八六年、一六―一八頁。

この映画の舞台は戦前の北海道、米太郎（三船敏郎）は、病気の女房とまだ幼い一人息子と暮らす、無骨で乱暴者の馬喰（牛馬の売買あるいはその仲介をする者）だ。甲斐性なしのこの男、入った金はすべて賭博で巻き上げられ、妻の薬も赤子のミルクも買えない有様。やがて女房は息子の太平を残して逝ってしまう。妻の遺言にしがたって、米太郎は喧嘩と博打を断ち、苦しい生活をしながら息子を育てていく。

名作『無法松の一生』を彷彿とさせる『馬喰一代』は、「母もの映画」の父親版――この時期は三益愛子主演の「母もの」が大ヒットして大映の興行を支えていた――といったところで、三船は不器用だがひたむきな愛情を子供に注ぐ父を見事に演じている。当時、男性を含めた多くの観客を泣かせただろうことは、配給収入の高さからもうかがえる。

京マチ子は、この米太郎を一途に想い続ける小料理屋の酌婦を演じた。初期のイメージを想起させる、ヒステリックに自分の想いをぶつける激情型の女性だが、バタくさい顔つきで垢抜けた彼女の存在は、戦前の田舎町、地方の封建的な風土に溶け込むことなく物語から浮いているようにも感じられる。だが、まさにこの点こそ、文芸映画における京マチ子の特徴ともいえる。すなわち、地方や戦前の日本を舞台とする映画において、京マチ子は「古臭い」社会に「現代的」なものを対置し、衝突させるのである。そこでの彼女は、黙って耐え忍ぶ女性ではなく、感情の赴くまま振る舞い、自己主張を貫く。京マチ子という女優は、舞台とされた地域や時代の規範を逸脱してみせることで、戦後社会を生きる観客の感情を揺さぶり、あるいは共感を惹起する女性像をスクリーンに投射したのだ。

『馬喰一代』の次に、一九五二年の正月映画として製作されたのが、川端康成の「浅草物語」を原作とする『浅草紅団』(久松静児)である。京マチ子と乙羽信子がステージ上で惜しみなく歌と踊りを披露し、画面は正月映画の華やかさを湛えている。二人とも一九二四年生まれ、京マチ子が大阪松竹歌劇団出身なら乙羽信子は宝塚歌劇団の娘役スター出身、大映に入社して妖艶な肉体派として売り出された大柄な京マチ子に対して、小柄な乙羽信子は、「一〇〇万ドルのえくぼ」というキャッチフレーズとともに可憐な純情派として売り出された。二人とも歌劇団在籍時に人気を博した際の、そのイメージの延長線上で、「脚」、「えくぼ」という身体のパーツが焦点化された。同年、『踊る京マチ子　歌う乙羽信子』という二人のステージを堪能させる映画まで公開されている。

このようにして、共通点がありながらも対照的なイメージをもつスターとして大映から売り出された二人の女優は、この後まったく異なる路線を突き進むことになる。デビュー一年で肉体派としてスターダムを駆け上った京マチ子は、一九五三年の『雨月物語』や、同年の『地獄門』などで、前近代の古典的女性を演じて国際派女優の称号を獲得した。そうしたなかで、観客が求めるイメージすべてを京マチ子は受け止めて体現していったという印象を受ける。それに対して乙羽信子は、松竹をやめた新藤兼人や吉村公三郎らが作った独立プロ・近代映画協会の作品『原爆の子』(一九五二年)への出演をきっかけに大映を退社して同協会へ参加、可憐な清純派というイメージからの脱却を図り、リアリズムを追求していった。

『浅草紅団』で共演した二人は、大衆が欲望するそのイメージを全身で受け止めるかのように踊りまくる。本書にとってこの映画が重要なのは、『羅生門』で垣間見られた〈変身〉の主題が、やがて『いとはん物語』で全面開花するその過程にある作品として位置づけられるからだ。

紅龍子（京マチ子）はまず舞台へ颯爽と現れて男役で女剣劇を見せる。彼女は浅草の紅座の座長、舞台を離れても団員に慕われる彼女はまるで男のようだ。次に登場するシーンでは、同一人物とは思えない田舎娘。浅草から逃亡していた島吉（根上淳）が戻ってきたようだと噂が立ち、島吉をおびき出す役目が、浅草の顔役である中根から龍子に与えられたのである。この場面の「変装」は見事である。化粧をほとんどせず、田舎の方言を話し、顔も雰囲気もまるで異なっている。ところが、ピストルを隠しもっていたことから正体がバレて突如その「演技」をやめる。田舎娘の顔立ちや服装のまま元の龍子に戻るのだ。着替えて戻ってくると彼女は、「どう？　あたしの早変わり」といってエキゾチックでバタくさい女に変化する。その後、再びステージに出演した彼女は、髪を結った着物姿の日本女性で豪快な立ち回りを見せる。ラストシーンでも男役の立ち回りをすると、傘を使って着物姿の女性へと早変わり。

『浅草紅団』は、まったく別人に見える田舎娘を演じたり、傘を使った早変わりのショーを展開したり、たっぷりと京マチ子の〈変身〉を堪能できる娯楽作品なのである。階層やジェンダーを越えてゆく存在として、かっこよさや美しさ、野暮ったい印象や洗練されたイメージを鮮やかに

図4-1

『浅草紅団』(久松静児, 1952年, 大映)

演じ分けること。プリズムのごとく多面性のある彼女のペルソナが最初に印象づけられた作品であった。

ところで、『痴人の愛』や『浅草の肌』、『牝犬』のような京マチ子の「肉体映画」には欠かせないアイテムがある。その代表格がタバコであり、『浅草紅団』でもクールにタバコを吸う姿がおさめられている(図4-1)。私見では、京マチ子ほどかっこよくタバコを吸う女優はいない。当時はその身振りが、いまよりもいっそう、規範に抗う行為として受け取られていたはずだ。

封建思想の一掃や男女平等が叫ばれていた戦後民主主義の時代にあって、彼女がタバコを片手にかっこよく煙を吐き出すアクション——男性の顔へ吹きかけることも多いその身振りは、当時の社会において、権力への抵抗、あるいは既存の価値を転覆する行為として感受されていたはずである。こうした振る舞いは、室生犀星の小説の二度目の映画化『あにいもうと』へと受け継がれてゆく。

『浅草紅団』の後に、京マチ子は『長崎の歌は忘れじ』（田坂具隆、一九五二年）という映画に出演するが、アメリカ人俳優と共演したこの作品に関しては、別の視点から分析したいので次章に譲る。

泉鏡花の短篇小説「義血俠血」を原作とした新派劇を映画化した『滝の白糸』（野淵昶、一九五二年）にも少し触れておきたい。五〇年代に日本映画は黄金時代を迎えるが、言い換えれば、それは量産体制下での製作・配給・興行の循環の加速化、すなわちプログラムを埋めるための作品が短期間で次々と撮影される商業主義的な製作を強いられた時期だった。この期間に戦前の名作の再映画化が増えたのはそのせいである。東映に対抗して大作主義を貫こうとした大映であったが、企画を一から立てて製作する超大作には限度があり、戦前の名作がしばしば京マチ子主演で再映画化された。

戦前にヒットした作品をスター女優で作り直せば当たるだろうというリスクヘッジのもとで作られた作品として、『滝の白糸』や『愛染かつら』、『春琴物語』や『藤十郎の恋』などがある。いずれも戦前、入江たか子や田中絹代を主演に迎え、メロドラマ映画として上質な仕上がりとなった名画だ。これらリメイク作品のなかで『滝の白糸』はあまり出来がよくない。四〇歳をすぎた森雅之に大学生を演じさせるのはさすがに無理があるのだが、それ以上に京マチ子らしさがまったく活かされていない。それが理由で、あまり話題にならなかったのだろう。

京マチ子が演じるのは、全国を巡業する水芸人。法曹の道を志す村越欣彌（きんや）（森雅之）という苦学生と出会い恋をする。白糸は、欣彌の勉学のために金を工面した際、ある男と揉めて、誤って男を刺してしまう。法廷に立つ白糸の前に現れたのが、検事となっていた欣彌だった。戦前の溝口健二と入江たか子の『滝の白糸』は、男を殺してしまったことを最後に自白した白糸が舌を噛み切って自殺、そんな彼女の後を追って、自らの職責を果たした後、欣彌もピストル自殺をするという悲劇のメロドラマになっていた。それに対して大映版は、結末を大幅に書き換え、判決は懲役一年、二年間の執行猶予、欣彌が白糸に婚姻届の紙を渡してハッピーエンドとなる。おそらく大映社長の「大衆はハッピーエンドを好む」という理念からこのような改訂がおこなわれたのだろう。

最初の映画化のとき、泉鏡花の「明治物」を、モダンなスターとして人気が高かった入江たか子に演じられるのかという疑問が批評家から呈されたが、入江は見事に演じきって称賛を受けた。京マチ子版が公開されたのは一九五二年六月一二日、前年に調印されたサンフランシスコ講和条約によって、日本が主権を回復した五二年四月二八日の占領期直後のこと、女性解放の理念を掲げた戦後民主主義の時代の大衆にとって、白糸はあまりにも古臭い女性像だった。

好きな男のために自分の人生も、一座の生活も犠牲にして仕送りを続ける封建的な女性・白糸は、金を巻き上げた寅五郎に立ち向かっていくものの、蹴飛ばされてあえなく倒れ込んでしまう。松永という男にも抵抗するものの押し倒される弱者としての女性像は、あまり共感を呼ぶものではなかったのである。

「国際派路線」のように、前近代の古典的な封建女性を徹底して演じるならともかく、『滝の白糸』には、同時代の京マチ子の文芸映画に見られる「破壊」の要素もなく、彼女のパフォーマンスによって価値の転覆を期待する観客には不満が残ったのではないだろうか。

2 『あにいもうと』『或る女』『愛染かつら』『浅草の夜』——1953-54

一九五三年は、京マチ子が「国際派グランプリ女優」として絶頂期を迎えた年であり、『雨月物語』と超大作『地獄門』を含め、四本の映画に出ているだけである。残り二本のうち一本は『黒豹』(田中重雄)であり、もう一本が『あにいもうと』(成瀬巳喜男)である。前者で京マチ子は中国人の女スパイを演じ、国籍を越えた日本人との恋愛を描いているため、次章で検討する。

『黒豹』の次に公開された『あにいもうと』は、室生犀星の短編小説が原作、これも戦前に一度、映画化されている。二度目に映画化されたのが京マチ子版であり、成瀬巳喜男が監督をつとめた。もん(京マチ子)が、奉公先で学生の小畑(船越英二)と肉体関係をもち、妊娠して家に戻ってきた。彼女は末娘のさん(久我美子)が看護学校へ通うための学費を送金していた。幼い頃からもんを可愛がってきた兄の伊之吉（森雅之）は、もんの軽率な行動に苛立ちを抑えられずに悪態をつく。居場所を失ったもんは、家族に行き先も知らせぬまま家を出ていってしまう。翌年、久しぶりに帰ってくると、愛憎半ばする兄はまたしてももんを罵倒しはじめる。かつて小畑を殴ったことを兄から聞いたもんは、我慢できずに兄と大喧嘩になる。憎たらしい兄貴だが、あんな顔でも見たくなるときがある、そう妹に語って翌日、もんは家を後にするのだった。

成瀬は『めし』（一九五一年）で、原節子と上原謙を主演に据えて、倦怠期を迎えた夫婦を描き、戦後のスランプを脱した。『あにいもうと』においても、女性映画の名手と称される成瀬の面目躍如というべき演出が随所に見られる。この映画、何といっても配役がすばらしい。愛と憎しみから、ねじれた愛情表現しかできない無鉄砲な森雅之も、疲れ果てて倦怠感と兄への怒りをあらわにする京マチ子も、仕事がうまくいかずに抜け殻のようになった父の山本礼三郎も、亭主と子供、さらにはもんと伊之吉の仲を取り持とうとする愛情深い母の浦辺粂子（くめこ）も、清らかで溌剌とした家族思いな末娘の久我美子（よしこ）も、彼らがかろうじて作り上げる「家族」のあり方や不器用な愛の表現も、すべてが「文芸映画」というにふさわしい作品だ。

封建的な社会にあって、危うさをはらみながらも愛情でつながるこの家族が現在でもリアルに迫ってくるのは、台詞以上に沈黙や気分などを「視覚的」に語ることによって人間関係が丁寧に描き出されているからだろう。俳優の演技はもちろんのこと、間合いの演出とショットのつなぎのリズムが絶妙にうまい。

図4-2

『あにいもうと』（成瀬巳喜男，1953年，大映）

京マチ子も、大衆娯楽路線のときと違って、リアリズムへと近づくべく、肉体によるエロスの表出は抑制されている。子を宿し、くたびれた雰囲気を湛えた京マチ子が家に帰ってくる冒頭の場面は、腋の下や胸の「汗」を手ぬぐいで拭き取るシーン、首筋から胸元にかけて滴る汗をうちわであおぐシーンと続き、妙に色っぽい。この映画に一貫して描かれる「汗」、それを団扇であおぐというアクションは、作品のもつ気だるさや倦怠感を効果的に表現している。このような滲み出るエロスは「肉体派映画」にもなかったし、「国際派映画」にもない表現である。「国際派グランプリ女優」の座を獲得した彼女は、卑俗的なエロから身を引き離し、「文芸映画」にふさわしい格調高いエロティシズムを志向しはじめるのだ。

ともあれ、成瀬のコントロールを超えて作品全体の統一性を「破壊」するかのように、圧倒的な存在感をスクリーンに刻印してしまうのが京マチ子という女優なのである。この暴力的にして過剰な演技がもたらすヴォリューム感とスケールの大きさは、つねにスクリーン上に尋常でない強度の身体運動を焼きつけ、観る者の情動を揺さぶってやまない。
この作品を観終わった後、もっとも強く印象に残るのは、おそらく終盤の森雅之と京マチ子の「大乱闘」であろう。謝りにきた小畑をつけていって引っぱたいた過去を兄が明かすと、突如として怒りをむき出しにし、「肉体派ヴァンプ」としての暴力的な京マチ子が顔をのぞかせるのである。「馬鹿野郎！」と怒鳴りながらお椀を投げつける。ちゃぶ台を蹴飛ばす（図4－2）。突き飛ばされ、ひっくり返っても立ち上がって摑みかかっていく（図4－3）。獣のような野性味を帯びた京マチ子が、画面を転がっていく。このエネルギーの放出は、母親をして「あれじゃあ、まるで兄さん以上じゃないか」といわしめる。同時代、いやその後の映画女優を眺めてみても京マチ子以外には演じられないシーンだと確信できる。

図4-3

『あにいもうと』（成瀬巳喜男，1953年，大映）

一九五二年の『滝の白糸』、五三年の『あにいもうと』ときて、五四年には『或る女』、そして『愛染かつら』と、京マチ子は大映の文芸映画路線をひた走る。この時期は、先述したように、昔のヒット作品の再映画化がブームとなっていた。有島武郎原作の『或る女』も、川口松太郎原作の『愛染かつら』も、すでに戦前・戦中に田中絹代を主演に迎えて映画化されていた。後者は空前の大ヒットを記録した国民的なメロドラマ映画である。

知名度の高い作品を戦後に再び映画化した『或る女』は、日本近代文学の名作を次々と映画化した豊田四郎が演出を担当している。その前年に豊田が高峰秀子を主演に迎えて製作した森鷗外原作の『雁』は、原作を大きく改変した結末だったため賛否両論を招いたものの、観客の受けはよく、それを機に京マチ子と豊田を新たに組ませて企画されたのが『或る女』だった。

高利貸の妾として、明治の下層社会を生きる女性の内面に育まれた自我を描いた『雁』と同じく、『或る女』も封建的な社会と因襲のなかに生きる女性の自我を描いた作品である。つねに現状に満足できずに理想を追い求めるヒロインを、京マチ子は多彩な表情を見せながら見事に演じきっている。森雅之と京マチ子のコンビも相性が抜群の『或る女』では、文芸映画としての重厚感によって上品なエロティシズムが醸成されている。ちなみに、この時期の文芸映画ブームに関わる批評のほとんどは、映像作家の創造力を無視して、原作を忠実に再現できているかどうか、本質的な要素が抽出されているかどうかで評価する傾向がきわめて強かったため、不当にあつかわれている作品が少なくない。[3] したがって私たちに求められるのは、そういった価値基準から解き放たれて、映像そのものがもつ魅力、あるいはリメイク／アダプテーションに固有の想像力をすくい上げようとする態度である。

続く『愛染かつら』（木村恵吾）は、おそらく京マチ子のキャリアのなかでも、もっとも甘いメロドラマ映画だろう。戦前に作られた野村浩将版『愛染かつら』は一九三八年の撮影時、人気絶頂にあった田中絹代と上原謙のコンビで爆発的にヒットした。戦後の『愛染かつら』では、鶴田浩二と京マチ子という、この時期のトップスターによるコンビを大映は実現させた。鶴田浩二は、『平凡』の人気投票で一九五一年から三年連続で首位をキープ、五二年の『映画ファン』、五三年の『近代映画』でも第一位を獲得し、若者からの人気は絶大だった。[4] だが、京マチ子は明らかにミスキャストである。伝統的日本の淑女像を京マチ子らしく破壊するならまだしも、戦前の可憐でなよなよしたシンデレラ・ストーリーのヒロインにはそぐわなかった。

『春琴物語』が公開された後、文芸映画や国際路線が多くなり、「踊り子映画」からしばらく離れていた京マチ子が、久しぶりにこの路線に戻ったのが、「浅草三部作」の最後の一つ『浅草の夜』である。原作は川口松太郎、監督の島耕二が鶴田浩二、京マチ子、根上淳、若尾文子の出演

3――アダプテーションやリメイクに関する理論的考察は、北村匡平「リメイク映画論序説――再映画化される物語」、北村匡平・志村三代子編『リメイク映画の創造力』水声社、二〇一七年、九―三七頁を参照されたい。

4――北村匡平『スター女優の文化社会学――戦後日本が欲望した聖女と魔女』作品社、二〇一七年、三六七―三六八頁。

を前提に、お盆に公開する大作としてシナリオを書いた。『愛染かつら』での主演コンビが再び起用されているが、『浅草の夜』の京マチ子は、気性が激しくすぐにカッとなる強情な性格で、血の気が多く一徹な役どころの鶴田浩二との相性もぴったりである。

浅草の劇場の踊り子である節子（京マチ子）は、座付作家の山浦進（鶴田浩二）と恋愛関係にあった。節子の妹である波江（若尾文子）はおでん屋で働き、著名な画家・都築柿江の養子である紫水（根上淳）と愛し合っている。だが、節子は二人がつき合うことに反対で、何度も別れるよう説得する。この姉妹、実は都築の娘であり、若い頃に母が死んで貧乏だったために養子に出され、貧しい生活を強いられたのだった。父親に捨てられたという恨みから、節子は妹の結婚に反対していたのである。山浦が姉妹を実の父に引き合わせたところ、強情を張って節子は父をなじり、波江も置き去りして出ていってしまう。最後に山浦は劇場を仕切っている福島一家とのトラブルで瀕死の状態になるが、駆けつけた節子は彼を抱きしめて愛を確かめ合うのだった。

「国際派グランプリ女優」として格調高い所作をただよわせ、国外を意識した「古典的な日本」を引き受けてきた京マチ子に、卑俗な踊り子役は禁忌だった。この間、彼女は肉体映画における「暴力性」を文芸映画に持ち込んでいた。過去の映像をつなぎ合わせた『踊る京マチ子　歌ふ乙羽信子』（一九五二年）という短編のレヴュー映画を除けば、『浅草の夜』は、『牝犬』から三年ぶりの踊り子映画だった。

この作品の冒頭で京マチ子は、肢体を激しく揺すりながら、情熱的なレヴューダンスを生き生きと踊る。ダンサーたちに慕われる演出家の秋山先生を追い出そうとする福島一家の親分のところに自ら乗り込んでいく。妹役の若尾文子を引っぱたいてからキャットファイトをはじめる。ようやく本来の京マチ子が戻ってきた、そんな感覚を抱かせる懐かしいイメージである。雑然とした浅草やレヴュー劇場こそが初期の京マチ子にもっとも似つかわしい場所であった。この作品における京マチ子は、それほど初期の肉体映画を彷彿とさせるのだ。だが、初期の映画に欠かせなかった頽廃的な雰囲気や卑俗なイメージは、『浅草の夜』にはない。どこか「銀座」を感じさせる上品さすら湛え、優雅な空気を醸し出している。

3 『藤十郎の恋』『虹いくたび』『赤線地帯』『踊子』――1955-57

『楊貴妃』の次に公開されたのが、菊池寛原作の『藤十郎の恋』（森一生、一九五五年）である。戦前、入江たか子と長谷川一夫のダブル主演で映画化されており、これも再映画化された文芸映画ということになる。再映画化された映画のなかで、長谷川一夫が同じ役に挑むというのはかなり珍しいケースである。

時代は元禄、京都で活躍する名優・坂田藤十郎（長谷川一夫）は、江戸から来た中村七三郎と人気を競っていた。七三郎の芝居に圧倒された藤十郎は、近松門左衛門を大坂から呼び寄せ、いままでにない「不義密通もの」で、新たな芝居に挑戦する決意をする。とはいえ、人妻に恋したことのない藤十郎にとって、この芝居は容易ではない。初日を前にして行き詰まった藤十郎は不安に苛まれる。そこで、かつて一緒に連れ舞いを踊ったことのある、四条の料亭の女将（おかみ）・お梶（京マチ子）に会いにいって、突如、恋慕の情を打ち明ける。すでに人妻であるお梶は最初は拒むものの、かねてから彼に恋心を抱いていたこともあって、男を受け入れようとする。ところが、藤十郎はそのさなか、女を部屋に置き去りにして出ていってしまう。女とのやり取りで閃いた藤十郎はすぐに稽古場に戻って演技の稽古に専念するのだった。偽りの恋を仕掛けた藤十郎だが、おかげで初日は大入りとなる。その舞台を見たお梶は、自分と藤十郎のやり取りがそのまま舞台に再現されているのを目の当たりにし、ショックのあまり自ら命を絶つ。彼はその死体を前に嘆き悲しむが、感情を押し殺して再び舞台へと戻っていく。

『藤十郎の恋』の京マチ子は、『雨月物語』や『地獄門』での静的で様式的な演技でもなければ、『痴人の愛』や『牝犬』での動的で荒削りな演技でもなく、『大佛開眼』や『あにいもうと』での情動的で暴力的な演技でもない。型にも感情にも振り回されず、抑制を効かせ、それでいて、こしかないというところで感情を表出する、いわば役柄をとらえている感覚がある。

それまではショットとショットのつなぎで演技のテンションが合わず、そのずれが目立ってしまうこともあったし、相手とかみ合っていかずに演技を一方的に押し付けている感もあった。むろん演出家や編集の技術、あるいは共演する役者に左右されることも多い。しかし、五〇年代中頃からの京マチ子は、ショットの断片を積み重ねていって創られる映画という芸術になじんでくる。ショットからショットへの演技が滑らかにつながって、演じる役柄の感情の起伏と演技の抑揚がぴったりと一致してくるような印象を受けるのだ。

『藤十郎の恋』は芸道物で、リアリズムの追求のために非道な芸の道を生きる俳優の話である。この映画においては、藤十郎を演じる長谷川一夫が舞台に立ち、歌舞伎の様式的な演技をするのとは対照的に、四条の料亭の一室での京マチ子は、きわめてリアルに迫ってくる。

翌年に公開された『新・平家物語　義仲をめぐる三人の女』（衣笠貞之助、一九五六年）は永田雅一プロデュースのカラー作品で、長谷川一夫、山本富士子、京マチ子、高峰秀子という豪華キャストによる超大作である。だが、白粉を塗りたくった武将・木曽義仲を演じる長谷川一夫、みすぼらしい服を着て野性的な女兵の山本富士子、大きな甲冑を身につけて戦う京マチ子など、それぞれの役柄と俳優が合っておらず、リアリティに欠ける演出も散見される駄作だった。

続く『虹いくたび』（島耕二、一九五六年）は、川端康成原作の文芸映画である。建築家の水原常男（上原謙）には三人の娘がいるが、それぞれ母親が違っている。実の母が自殺した長女の百子（京マチ子）は、次女の麻子（若尾文子）とその母と暮らしている父のもとへ引き取られる。やがて麻子の母は亡くなってしまい、母親の違う二人の娘と父の三人で生活している。一番下の若子は京都の芸者の娘で、水原は一五年も会っていない。

百子は戦時中に恋人に唐突に振られたことや母の自殺が心の傷となり、心を閉ざして若い男を誘惑しては奔放な付き合いを繰り返す。妻に先立たれた水原も、寂しく無気力に生きているようにしか見えない。この崩壊寸前の家族を、かろうじて麻子が結びつけている。京都の妹に会いにいき、父親をいたわり、姉の痛みを理解しようとする。

一九五〇年代中頃から、徐々に京マチ子は、金持ちの娘や社会階層の高いマダムを演じる機会が増えていく。かつては自己主張の強い勝気な性格のアプレを、現代劇――とくに肉体映画――で多く演じたが、あらゆることに抵抗するようなアプレ的な役柄から、高慢でプライドが高く、冷徹で意地悪な役柄がうまくはまるようになっていく。それと対照的な存在として配役されるようになったのが、若尾文子である。

大衆娯楽雑誌『平凡』におけるスター女優の人気投票で若尾文子は、一九五五年から四年連続でナンバーワンの座をキープ、五〇年代後半は「若尾文子の時代」だった。五七、五八年と第二位、五九、六〇年にトップの座を獲得したのが山本富士子である。五〇年代前半の大映を支えたドル箱スターが京マチ子ならば、五〇年代後半を支えたのが、同じく大映のスター女優である若尾文子と山本富士子であった。まさに五〇年代中盤は世代交代の時期だった。

五〇年代後半になると、純情可憐で溌剌とした役柄が多かった若尾文子や、第一回ミス日本コンテストで「ミス日本」に選ばれ、その美貌と華やかさから「日本一の美人」と呼ばれた山本富士子とは対照的な存在として京マチ子が配置されるようになる。実際、京マチ子と若尾文子／山本富士子は、姉妹や商売敵、師弟関係などの役柄を多く演じている。

このような流れは、『或る女』での自尊心が高く自由奔放な京マチ子と可憐で純真な若尾文子の姉妹にはじまり、『浅草の夜』での気性の激しい京マチ子と一途で純情な若尾文子の姉妹、『虹いくたび』での先述のように対照的な姉妹、『赤線地帯』での赤線の同じ店で働くライバル的な存在の売春婦、銀座を舞台に一流バーのマダムを演じる京マチ子と、京都から乗り込んで新しい店を開く山本富士子の『夜の蝶』(一九五七年)でのライバル関係、強欲の塊のような舞踊家の京マチ子とその内弟子である若尾文子の『夜の素顔』(一九五八年)での師弟関係、京マチ子と山本富士子の『細雪』(一九五九年)での姉妹など、枚挙にいとまがない。こうしたスターダムにおける世代交代の縮図が、物語の内部に現れ、プロットを駆動させる点――大映の看板スターによる共演/競演については後で詳しく述べていく。

『虹いくたび』で京マチ子は、自分勝手に振る舞い、早口で罵倒するきつい性格の役柄を演じるが、それ以降も、『有楽町で逢いましょう』(島耕二、一九五八年)や『あなたと私の合言葉　さようなら、今日は』(市川崑、一九五九年)で似たタイプの役を演じており、五〇年代後半の典型的なイメージとなってゆく。『虹いくたび』のラストシーンで彼女は苦悩の果てに、過去のトラウマを乗り越える。母親がそれぞれ異なる三人姉妹が父親を囲み、窓の外に想像上の虹を見て、未来の幸福なイメージが映し出されて終幕となる。

次に検討したいのは『赤線地帯』(一九五六年)である。この作品は戦後の溝口健二の作品のな

5――北村、前掲書『スター女優の文化社会学』四六頁。

かでは数少ない現代劇だ。溝口は、社会から切り離され、虐げられた女性を克明にとらえた女性映画を撮らせると超一流の映像を作り上げる作家である。戦前には『浪華悲歌（エレジー）』（一九三六年）や『祇園の姉妹』（一九三六年）、戦後は時代劇を中心に長回しによる独自のスタイルを確立した『西鶴一代女』（一九五二年）や『雨月物語』（一九五三年）などを撮り、世界的な名匠となった。『赤線地帯』はその溝口の遺作となるフィルムである。

　底辺に生きる女たちを冷徹なまなざしで見つめる溝口のこの作品は、情緒的なメロドラマでもなければ、押し付けがましい社会派の風刺物語でもない。同年に公開された川島雄三の傑作『洲崎パラダイス　赤信号』（一九五六年）が、遊郭の周縁に息づく男女のドラマを乾いたタッチでとらえたとすれば、溝口の『赤線地帯』は歓楽街の内部に入り込んで、そこにうずまく男の欲望と向き合う娼婦たちの生態と悲哀を生々しく映し出している。

　オープニングは、タイトル・バックに浅草の街を一望するパンショットによる導入で、黛敏郎の強烈な音楽――不安定に鳴り響く弦楽器と電子音、そこに女声のヴォカリーズ（歌詞のない母音のみの歌唱）が混淆する複雑なサウンド・デザイン――が不思議な世界観をかたちづくる。売春婦を置いて営業させる特飲店「夢の里」では、売春防止法が成立したら赤線が廃止されるかもしれないと心配する店の経営者と警官が、この法案をめぐって何やら話をしている。そこに登場するのが、「夢の里」のナンバーワンやすみを演じる若尾文子である。甘ったるい声とくねくねした歩き方が印象的だ。汚職で入獄した父の保釈金のために売春婦となったやすみは、計算高く、男を騙して搾れるだけ金を搾りとり、同業の仲間たちには利子をつけて金貸しまでしている。

次から次へと男を渡り歩いて金を掠め取る小悪魔的な美貌の娼婦をやらせたら天下一品なのは、この作品や『女は二度生まれる』（川島雄三、一九六一年）の若尾文子、そして『幕末太陽傳』（川島雄三、一九五七年）の南田洋子あたりだが、こうした打算的でドライな役柄で鮮烈なイメージを戦後に作り上げた第一人者は、『偽れる盛装』（一九五一年）で祇園の芸者を演じた京マチ子だったことを忘れてはならない。『赤線地帯』の序盤で若尾文子は、自分にのぼせ上がった男を隣の部屋に誘い込み、布団に倒れこんで足で襖を閉める。これは『偽れる盛装』の京マチ子が足で障子を閉める身振りの反復でもある。

やすみと客がいる部屋に金を借りに同僚がやってくる。亭主に先立たれ、一人息子は義理の両親に預ってもらい、その生活費を必死に稼ぐ貧しい年増、ゆめ子（三益愛子）である。この映画での息子とのやり取りは、かつて大映が製作し大ヒットさせた「母もの」を再現しているかのようだ。「すまないけど、また二〇〇円ばかり貸してくんない？」と四十過ぎのゆめ子が申し訳なさそうに部屋のなかのやすみに話しかける。「白粉代がきれちゃったの」と。すると襖が開き、金をもったやすみの手が無言のまますっと差し出される。それを受け取って「今度のお勘定の日に、一割つけてお返しします」というゆめ子。成澤昌茂の秀逸なシナリオと溝口の演出が光る場面だ。ほんの少しのダイアローグと身振りだけで、やすみとゆめ子のキャラクターがしっかりと立ち上がり、二人の関係性が明確に表現される。彼女たちの日常さえも想像させる演出である。

この次のシーンで京マチ子が登場する。三益愛子のシーンは伴奏音楽もいっさいなくドキュメンタリーのように撮られていたのに対して、京マチ子が現れるシーンでは、勢いのあるジャズが静かに流れ出す。この登場シーンが抜群にかっこいい。

カメラは固定された状態で特飲街の通りをとらえている。カメラマンは溝口との名コンビで知られる宮川一夫。店の軒下には、男にしがみついて自分の店に連れ込もうとする売春婦が見える。しばらくすると、輪タク屋（人力の自転車タクシー）と女衒（若い女性を遊郭へ斡旋する仲介人）を掛けもっている菅原謙二が自転車を押して店の玄関にやってくる。男の動きに合わせてカメラが緩やかにパンする。そのカメラが動く速度を超えて、菅原が連れてきた京マチ子が画面にフレームインしてくる。コートをはおって店内に入ってゆく京マチ子の威勢のよさが印象づけられるショットである。

続いてカメラは、店内から京マチ子へと向けられる。彼女は、ガムをくちゃくちゃと嚙みながら店のなかを見渡すと、片手にもっていたタバコを口にくわえてそのまま歩き出し、煙を吐き出す。生意気そうな顔つき、パンでとらえられた気だるそうな歩き方、これしかないという煙の吐き方、颯爽と歩いていく彼女に合わせて伴奏が大きくなり、管楽器が鳴り響く。改めて強調しておくが、京マチ子ほどタバコをかっこよく吸える女優はいない。

「ここで待ってろよ」と菅原謙二にいわれ、バッグとコートを椅子に置いた彼女は、店内に展示されている貝殻のオブジェにさっと飛び乗る。「うち、ヴィーナスや」といってボッティチェリ

図4-4

『赤線地帯』（溝口健二，1956年，大映）

の《ヴィーナスの誕生》とまったく同じポーズを決め、リズムを取りながら踊りはじめる。ふくよかな胸とダイナマイトボディを強調するようなマンボ・スタイルのファッションで、日本人離れした体を見せつける（図4－4）。ガラス越しに彼女の肉体に魅せられていた男に気づくと、駆け出していっていた男に気づくと、駆け出していって「うち、ニューフェイスやねん。ええでえ！」としがみついて強引に誘う。男は慌てて向かいの店に逃げ込んでいく。彼女は振り返って、再び踊りながら店内に戻ってくる。呆気にとられる売春婦たち。この短いシーンだけで、それまでの雰囲気がガラッと変わって映画が京マチ子のものになる。それくらい場の空気は一変し、彼女は強烈な印象を植え付けるのである。

菅原が「ミッキー」と呼ぶ。京マチ子の役名である。「ヘイ！ カモン」「ハリーアップ」などと菅原にいわれて、女将さんに紹介される。彼によるとミッキーの父親は神戸で貿易会社を経営する道楽者、それに反発して彼女は家を出てからグレてしまい「ズベ公」になり下がったという。いわく「アメちゃんには引っかけられる、捨てられる。一年も経たねえうちに、もうアプレのプレプレでさあ」。女将さんに「立ってごらん」といわれると、彼女は再びポーズを決めて「八頭身や」と言い放つ。これが京マチ子の痛快な登場のシークェンスである。

次に店にやってくるのが木暮実千代、彼女が演じるハナエは、病弱な亭主と赤ん坊を一人で支えている、一家の大黒柱だ。色気たっぷりの役を多く演じてきた木暮が、マスクにメガネをかけて鼻をかみながら出勤してくるところなど、やけにリアルに見えてくる。終始、彼女は貧乏な生活に疲れ果てた雰囲気を漂わせている。

超然としているようにも達観しているようにも見えるミッキーは、ただ一人、何も背負うもののない楽天的な人物として描かれている。だが、彼女にも過去があることが、父親の訪問によって明らかになる。道楽者の父は遊びまわっては妻を泣かせていた。ミッキーはそれに耐えられなかった。だから家を出た。その父が突然、彼女のもとへやってくる。妹にいい縁談がある。姉が売春婦に身を落としていては体裁が悪い、だから引き取りに来たのだと説明する。だが、母はすでにこの世の人ではなく、父は後添えをもらっていると知る。娘は嘆き悲しみ、怒りに震える。

極道の仕上げに私を買ったらいい、「アプレのイキのいいとこ買うてみいへんか」と言い放ち、ベッドに父を引きずり込もうとする。父はその場を立ち去るほかない。彼女はその父に向かって、「帰るんやったらママんとこ帰る！」と泣き叫ぶのだった。

女たちそれぞれにドラマがある。ハナエの亭主は人生に絶望して自殺未遂をする。子供のミルクも買えないで何が文化国家だ、と彼女は悲痛な叫びをあげる。母親の仕事のせいで故郷にいられなくなった息子に親子の縁を切られたゆめ子は突如として発狂してしまう。やすみは早く足を洗いたいと客を騙して金を巻き上げ、逆上した客に殺されかけるが、なじみ客だった男が夜逃げした後の貸ぶとん屋を買い取って女主人になる。稼ぎ頭だったやすみが辞めたので、下働きをしていたしず子（川上康子）がはじめて商売に出て、緊張した面持ちで店の前に立つ場面で物語は終わる。安易な解決を見せず、黛敏郎の独特の音楽とあいまって余韻を残す名ラストシーンである。

誰か一人にフォーカスを当てるのではなく、溝口は赤線に生きる女たちの悲哀を群像劇として描いた。眉をしかめ、股を開いてだるそうに歩く木暮実千代、男を次々と陥れて金を搾り取り、ひたすら金を数えている若尾文子、いつもパクパクと食べ物を頬張って、金には無頓着な京マチ子。それぞれのキャラクターを引き立たせる溝口の演出が光る。

もっとも京マチ子の場合、人物造形の面で一貫したイメージを保つことはなく、物語の途中で一変する。神戸から父が訪ねてきた場面で、母想いの純情娘であることがあらわになるのだ。この映画は、これまでの肉体派女優としての京マチ子のキャリアを総括するような作品だった。振り返ってみれば、「肉体派ヴァンプ女優」としての彼女は、過去の規範から完全に逸脱するようなイメージを投影しておきながら、その高慢さや不器用な振る舞いの奥に、純情な心がほの見えていた（たとえば『痴人の愛』『浅草の肌』『牝犬』）。

『赤線地帯』は『羅生門』とは異なる仕方で、京マチ子のさまざまな側面を見せている。実際、初期の懐かしい感じも、まったく新しい印象も同時に受けるのだ。そういう意味で分岐点と位置づけられる作品である。初期の肉体派女優の残余、ファン雑誌で描かれたパーソナリティとも通底する母を愛する純情娘、躍動する身体を活かした喜劇性、ガラッと豹変する表と裏の顔――それらの要素がないまぜになっている。この作品での喜劇性は翌一九五七年一月に公開された『八月十五夜の茶屋』へ、人格や表情の変化は同年同月の『いとはん物語』へと受け継がれていくだろう。一九五六年は、ハリウッド映画への出演もさることながら、あらゆる側面において、京マチ子にとって転機の年だったのである。

さて、最後に触れておきたいのは、『赤線地帯』の翌年に公開された清水宏の『踊子』（一九五七年）である。原作は、浅草を舞台に性格の異なる踊子の姉妹の人生を描いた永井荷風の小説だ。この作品は、京マチ子が初期の肉体派時代に演じた踊り子の役柄を引き継いだ最後の作品であり、これ以降、彼女が肉体派女優のイメージを直接的に体現することはなくなっていく。

後期の京マチ子映画で主流となる「二大女優の競演モノ」の先鞭をつけたのも、この『踊子』

だ。ここで京マチ子は、同じく戦後派スター女優の第一世代であった淡島千景と共演することになる。「文芸巨篇」として売り出され、『赤線地帯』のアプレのイメージとも強い関連がある『踊子』は、一九五七年を境に本格的な演技派へと進化してゆく京マチ子が、初期（肉体派）や中期（国際派）のイメージと決別する映画、つまり初期・中期と後期を橋渡しするような作品とみなすことができるのである。

プレスシートには、網タイツを履いて脚を振り上げ、肌を露出した黒いステージ衣装に身を包んだ京マチ子のスチールやイラストがあり、まさに初期の肉体女優のイメージそのものである。ただし、国際派女優となった京マチ子が安っぽいエロとして消費されるわけにはいかない。しかもこの時期の大映は、「文芸映画」を格調高くプロモーションしていた。永井荷風原作の「文芸巨篇」たるこの映画は、「エロチシズムが売りものでありますが、赤本的な安っぽい感じを与えては失敗」であるため、「荷風文学の完全映画化である点を強調し、野心的文芸巨篇として堂々と売って頂きます」とプレスシートの宣伝ポイントには記された。[6] また、二人とも歌劇団出身でありながら別の映画会社に所属し活躍してきた戦後派スターのはじめての共演／競演ということも話題になった。プレスシートの宣伝文案には「アカデミー賞候補の京マチ子と菊池寛賞に輝く淡島千景が、初顔合せで演技を競う文芸巨篇！」という惹句が躍り、宣伝ポイントにも「二大女

6――大映本社宣伝部発行『踊子』プレスシート、一九五七年。

優京マチ子、淡島千景の競演」と記され、二人の「競演」が煽り立てられた。

この物語は、浅草六区、シャンソン座の楽士である山野（船越英二）とその妻で同じ小屋で踊り子を務める花枝（淡島千景）の暮らすアパートへ、妹の千代美（京マチ子）が上京してくるところからはじまる。六畳一間の生活に割り込んできた千代美は、ある日、義兄である山野を誘惑して関係を結んでしまう。彼女はその恵まれた姿体を買われて踊り子修業をすることになるが、今度は振付師の田村（田中春男）とも関係をもつ始末。生まれもった肉体で他の踊り子を圧倒するものの、ある日、妊娠が発覚する。ずっと子供ができなかった花枝は、妹が夫と関係をもち子供まで宿したことに嘆き悲しむ。結局、子供のできなかった二人は、生まれてきた赤ん坊を引き取って、自分たちで育てることにする。自由奔放な千代美は我が子のことなど構わず、芸者になりたいといって出ていってしまう。ある日、花枝たちのアパートを訪れた千代美は、芸者を辞めて金持ちの男に囲われることになったと報告する。何でもやりたいことをやらせてくれると意気揚々と語る彼女は、自分の産んだ赤ん坊に「バイバイね」といって去ってゆく。雪子と名付けられた子供は何も知らずにすくすくと育っていった。

一方、山野と花枝は、長く暮らした浅草を離れ、田舎の実家に戻って一からやり直す決意をする。山野の実家のお寺で保育園を運営している二人のもとへ、あるとき千代美が訪ねてくる。突然やってきた妹に驚いた花枝が「どうしたの」と尋ねる。男とはとっくの昔に別れたらしい。彼女は何となく来てしまったと答える。そして「自分に愛想がつきちゃった」と泣き出す妹に、姉もまた一緒に涙を流す。子供にも山野にも会わずに千代美は黙って立ち去ろうとする。そこに子供たちの歌声とオルガンの伴奏が聞こえてくる。遠くからその光景を立ちつくして見つめる姉妹。

カメラは序盤からつねにトラッキング・ショットによって、横の移動と縦の移動を繰り返す。黒澤明作品における、人物とカメラのダイナミックな運動とは対照的に、清水宏の移動撮影はゆるやかで、心地よい映像のリズムを作り出す。浅草の喧騒と街の輝きが移動撮影によって鮮やかにとらえられるが、最後の場面でも、この静かな横移動が冴えわたる。

その場から動けずに、一方的に視線を注ぐしかない千代美と姉を遠景にとらえ、カメラは緩やかに右側へと移動していく。そこにフレームインするのが、オルガンを奏でる山野と輪になって元気に歌う子供たちである。その幸福なイメージが中心に配置され、カメラが動きを停止すると、遠景に小さく映し出されていた姉妹がいつしか大きな樹木によって私たちの視界から遮られてしまう。人物の関係性や物語の意味を視覚的に作り上げる、縦の構図と横の移動を組み合わせた見事なワンショットである。

この映画における京マチ子の無軌道なアプレ娘ぶり、小悪魔的なヴァンプっぷりが凄まじい。彼女ほど飽きっぽくて融通無碍な生き方が似合う女優はいないだろうと再確認できる演出である。初期のヴァンプ女優のイメージがふんだんに盛り込まれ、生き生きと踊る姿は懐かしさすら感じさせる。それだけではない。京マチ子を叱責しようと呼び出した船越英二が彼女の誘惑に負けてしまい、抱きしめてしまう甲斐性のないダメ男っぷり、踊り子をしながら子育てをする淡島千景の生活感や、ダメな夫を捨てきれないお人好しなところも、巧みに造形されている。この何とも愛おしい夫婦の関係性は、出直す決意をした二人が浅草を離れる最後の日、一〇年間の思い出を噛みしめながらお好み焼きを食べて盃をかわす短いシーンに凝縮されている。

ところで、京マチ子ほどクールにタバコを吸える女優はいないと先に書いたが、もう一つの魅力として「食べること」をあげておきたい。彼女は欲求をそのままさらけ出す。寝たいときに寝るし、誘惑したいときに誘惑する。そして、食べたいときに食べる。それが自由と解放を体現する初期の京マチ子の魅力だった。この時期に撮影された肉体映画において、彼女が食べ物を美味しそうに口に運ぶ姿は絶品だった。『赤線地帯』でも京マチ子の食べっぷりは印象的で、『踊子』でも豪快な食べっぷりを見せてくれる。

『踊子』での京マチ子は、姉のもとへやってくる序盤から、「それ食べていい？」と姉と義兄のお好み焼きをもらって食べまくり、妊娠した後はさらに食べてばかりいる。口を大きく開けてパクッと放り込む。観ているこちらも食べたくなってくるような、その豪快な食べっぷり。全編を通して京マチ子は「食べ続ける」。この時代に彼女ほど「食べること」を引き受けて、画面を豊かに彩った女優はいないのではないだろうか。女性が肌を露出することに加えて、食べ物を思いっきり頬張るという行為そのものが、女優をエロティックで解放的にし、きわめて戦後的な意味を担っていたこともここに記しておきたい。戦後日本の映画の黄金時代、京マチ子は誰よりも食事をするシーンを魅力的に見せる映画女優だったのである。

第五章

〈政治化〉する国民女優
――国境を越える恋愛メロドラマ

1 『長崎の歌は忘れじ』の日米関係

国際派路線をひた走った京マチ子の五〇年代前半——。『羅生門』がヴェネツィアでグランプリ、『地獄門』がカンヌでグランプリ、さらにはアカデミー賞名誉賞（最優秀外国語映画賞）、『春琴物語』が東南アジア映画祭で作品賞、そのすべての映画に京マチ子は主演していた。イタリア、フランス、アメリカ各国で開催された映画祭を軒並み制した日本映画を批評家は称賛し、「日本映画が東南アジアにおけるリーダーであることを、重ねて立証した」[1]という。映画による文化の力を通して、〈日本〉は自らのアイデンティティを確かめる。

このようにして確立したナショナル・アイデンティティは、国外の観客や批評家を意識して振る舞い、日本映画を受け止めた彼らからのまなざしを浴びるなかで自ら作り出した〈日本〉イメージにほかならない。本章で検証したいのは、国境を越えていく映画がどのように製作されたかということよりも、一つの物語（映画）において、国籍の異なるキャラクターが共演した場合に、いかなる政治的イメージが浮かび上がるのか、ということである。

『長崎の歌は忘れじ』に見出されるのは、敗戦を経て主権の回復へ向かう占領末期の日本とアメリカの理想的な「関係性」である。本作が公開されたのは一九五二年三月二七日、前年にはサンフランシスコ講和条約が調印され、その発効は五二年四月のこと。つまり、この映画は、日本が主権を回復する直前に公開されている。日本を代表するヒロインが京マチ子、アメリカを代表するのが現役のオペラ歌手だったアーリントン・ロールマンである。新聞評では、「京マチ子は熱演好技。色ッぽい彼女の持ち味を殺して役柄を見事表現したのは妙」(「読売新聞」一九五二年三月二九日付)と絶賛されている。この時期にはすでに『羅生門』も『源氏物語』も公開され、京マチ子は〈日本〉を背負いはじめていた。そうであるとして、この作品で彼女は、いかなる政治的イメージを担わされていたのだろうか。

『長崎の歌は忘れじ』は、原爆の悲劇を体験した田坂具隆(ともたか)が闘病生活の間に構想を練って原作『心の真珠』を書き、自ら映画化した反戦映画である。本章を読み進めるうえで注意してほしいのは、この作品に描かれた日米関係は、日本側から思い描かれた理想の関係だということだ。後で検討するハリウッド映画『八月十五夜の茶屋』が、アメリカ側にとって望ましい日米関係を描いているのとは真逆の視点である。これらの作品からは、日本が独立後のアメリカとの関係において自らのアイデンティティをどのように確立しようとしていたのか、あるいはアメリカにとって日本はいかなる存在として位置づけられていたのかが、明確に見えてくる。この二つの作品でヒロイン＝日本を演じたのが、京マチ子だった。

『長崎の歌は忘れじ』の物語を確認しておこう。兵士としてハワイに駐留していたアメリカの音

1――清水千代太「昭和30年の日本映画界を顧みて」、『映画旬刊』一九五五年一二月下旬号、一二九頁。

楽家ヘンリー・グレイ（アーリントン・ロールマン）が、捕虜収容所で瀕死の状態にある日本兵から未完の楽譜を託される。その楽譜に心惹かれ、曲の完成を約束したグレイが、長崎の遺族を訪れることになる。死にゆくその日本兵からの手紙には、音楽家に対して次のようなメッセージが記されていた。

私が心からお願いしたいことは、日本人がもともと平和を愛する心をもたない人種のように思わないでいただきたいことです。日本の伝統的な芸術や民謡を研究してくだされば、日本の山や川、その住まいのありさまや四季に咲く花々とともに、われわれの祖先が平和を愛し続けてきた心を理解していただけるに違いない。そう考えた私は、世界の人びとに日本人の真実の心を理解してもらうために、また戦争によって荒れすさんだ日本人の心に静かな平和を愛する心を呼び覚ますため、日本の心をテーマとする交響詩曲を完成したいと努力しました。それが未完成で終わるのが何より残念です。この私の断片的な曲に、少しでも価値を認めてくださるなら、あなたの友情と才能によって完成していただけないでしょうか。承諾してくださるなら、私は安心して死ねるのです。

帝国日本が「大東亜共栄圏」を夢想し、その理念を掲げながらも、実際にはアジア各地を侵略し、残虐きわまりない行為をともないながら植民地を拡大していった過去を考えると、この手紙は、連合国に対する自己弁明、あるいは自己慰撫の言葉と取れなくもない。その探究は別の機会に譲るとして、このアメリカ人は日本兵から託された手紙と未完成の楽譜を手に戦後、長崎へとやってくる。佐伯綾子（京マチ子）は、原爆によって失明し、いまだ帰ってこない夫の帰りを信じて待っている。綾子の妹である牧原桃子（久我美子）がグレイを家に連れてくると、綾子の奏でる琴の音が聞こえる。アメリカの作曲家は、琴を聞かせてほしいと願い出る。だが、桃子からグレイを紹介された綾子は、自分を盲目にしたのは誰なのかと怒って、奥に引っ込んでしまう。

このときの綾子は、着物をきっちりと着こなし、一途に夫を想い続ける日本女性として表象されている。国際派映画でのイメージに近い人物像である。このシーンで注目すべきは、風鈴や生け花、琴の音、着物、日本茶といった日本的な記号が次々と映し出されることだ。それによって、日本とアメリカの対立の構図が明確に浮かび上がってくる。こうしたなか、グレイは未完の曲を完成させるために、もっと日本のことを知りたいから旅行についてきてほしいと桃子に頼む。旅先で美しい風景を目にしたグレイは、彼女に向かって「私はますます日本が好きになりました」というまでになる。

やがて日本を後にしたグレイは、アメリカから綾子宛に手紙を送る。そこには綾子の夫が南方で亡くなったこと、その臨終に立ち会ったこと、綾子の目を治してあげたいので、腕のたしかな知り合いの医者に診てもらいたいこと、が書かれてあった。はからずも夫の死を知った綾子は、生きる希望を失ってしまう。やがて未完の曲を完成させたグレイが、日本に戻って演奏会をすることになるが、彼はどうしても綾子の琴が必要だと桃子に伝える。失意のどん底にあった綾子は、雪の降りしきる街をさまよっていたが、完成した夫の曲が教会から流れてくるのを偶然、耳にする。綾子に気づいたグレイは、いったん音楽を止めるも、彼女のために演奏を続け、音楽のなかに夫が生きていることを悟った彼女は強く生きる決意をする。日比谷公会堂で、綾子の夫とグレイの合作《心の真珠》が演奏されるとき、ステージ上には、琴を奏でる綾子の姿があった。

この映画の当時のプレスシートには、「感動の国際愛映画」、「日本映画が世界に贈る愛の花束」、「日本の運命を背負う美貌の女性！　日本の希望を謳う熱情のアメリカ人！　民族を越えた大いなる人間愛が銀幕に炸裂する！」[2]といった宣伝文句が並ぶ。占領期を経て主権を回復した日本と、先の大戦で日本を打ち負かしたアメリカ。この二つの国家の、これからの関係はどうあるべきか――。そのことが、男性の身体（グレイ）と女性の身体（綾子）との関係性に仮託されて、あくまで日本側の視点で描かれる。

この物語は、日本側から託された未完の楽曲を媒介に、アメリカ人が日本のことをもっと知りたいという意志によって支えられている。日本の美を米国が発見し、それを愛すること。言い換えればそれは、日本本来の美しさや文化を理解してもらいたいという日本人の願いが投影されていると見ていいだろう。事実、この映画ではアメリカ人が日本文化に魅了されるシーンが随所に出てくる。このようにして、正しく理解されてこなかった極東の被占領国は、占領する側であるアメリカに対して、伝統的な文化や美しい風景を差し出す。文物や自然を「発見」し「理解」したアメリカ人が、日本人から託された未完の曲を最終的に完成させ、その美しい和洋混淆の音色が、国境を越えた二人の芸術家を「和解」に導く。この作品が、理想的な日米関係の未来イメージを描いていたとすれば、先の大戦で敵国同士であった両国は、占領-被占領関係を経て、いかにして「和解」を成し遂げるのだろうか。

重要なやり取りをあげておこう。小学校教員の野上（根上淳）は、戦災孤児となった子供たちを養っている。そのことに感銘を受けたグレイは、資金援助を申し出る。だが野上は、自分たちにはその資格がまだないという。そんなことはもう過去のことだとグレイにいわれても、アメリカでもこの戦争で父や夫を亡くして悲しんでいる人がたくさんいる、まずはその人たちを助けてあげてくれといって断るのである。加害責任にも自覚的な野上は、それに続けて、日本人の罪はまだ償われていない、自らが負った傷は自らの苦しみで治さなければならない、それがどうしてもダメなときはお願いするかもしれないと述べる。そんな野上に対してグレイは「戦争のことは忘れましょう」と繰り返す。野上は「本当に忘れたいと思います」と答えて、その手を握り返すのだった。

時代はすでに戦後民主主義や非軍事化からは逆行していた。中華民国は大陸の支配権を失い、一九四九年には中国共産党が中華人民共和国を樹立、五〇年には朝鮮戦争が勃発、半島が真っ二

2――大映本社宣伝部発行『長崎の歌は忘れじ』プレスシート、一九五二年。

つに分断される。日本では「民主化」のもとで高揚する労働運動への締め付けや、公職追放の解除とレッド・パージが展開し、保守勢力が力をもち、再軍備が推し進められた。国防をアメリカに肩代わりしてもらうなかで、日本は西側陣営に組み込まれていった。それによって日本は経済活動に専念し、冷戦体制という新たな国際秩序のもとで再び国際社会に復帰し、存在感を示すことが可能になったのだ。

映画『長崎の歌は忘れじ』での野上とグレイのやり取りは、こうした時代状況を色濃く反映している。アメリカ人にとって原爆がもたらしたカタストロフィーは忘れるべき過去である。日本人にとっても敗戦による歴史的なトラウマは、乗り越えるべき課題である。両国は顔を上げて、冷戦下における資本主義陣営の一員として同盟関係をいっそう強化し、未来を切り拓いていかなければならない――。このような理想が、本作の終盤、教会でのグレイと綾子の邂逅、グレイと綾子の夫の合作《心の真珠》の、日比谷公会堂でのオーケストラによる演奏というラストシーンで、音楽とともに表現される。

実際、この映画を、「終戦」によってもたらされた占領期の日米関係の寓話として読み解くことはたやすい。「未完の楽曲」をアメリカ人が完成させることは、戦争で死んでいった者たちへの鎮魂となるのであり、生き残った日本人を慰撫するには、アメリカ人の手によって完成させられなければならないのである（託された手紙には「友情」と記されていた）。日本兵＝死者の楽曲を奏でることは、追悼の行為であり、残された日本人女性と米国人男性によって、それは遂行されなければならない。ヒロインの日本人女性とアメリカ人男性が結ばれるような結末であってはならないのだ。

夫の死を知った綾子が絶望に駆られて街をさまよい、偶然耳にした、グレイが奏でるオルガンの音色に惹かれて、教会へと足を踏み入れる。本作の終盤にいたるまで、アメリカ人が自分を失明させたとして拒絶していた綾子が、死んだ夫の楽曲を演奏するグレイのかたわらに寄り添い、そっと肩に手をかける。スーツを着た米国人男性と、着物を着た日本人女性は、日米合作の音楽に合わせて、同じ方向を見上げる。盲目の女性は目を見開き、まるで未来が見えるかのように上方へと目を向ける。二つの国を象徴する男女が、ここでディゾルヴによって重ね合わされる（図5－1）。音楽と民族の融合が、視覚的にも、聴覚的にも表現されているのだ。それに続いて、降りしきる雪のショット。お互いの傷を癒し、それまでのわだかまりが解けていくのを象徴するかのような、優しげな雪である。

図5-1

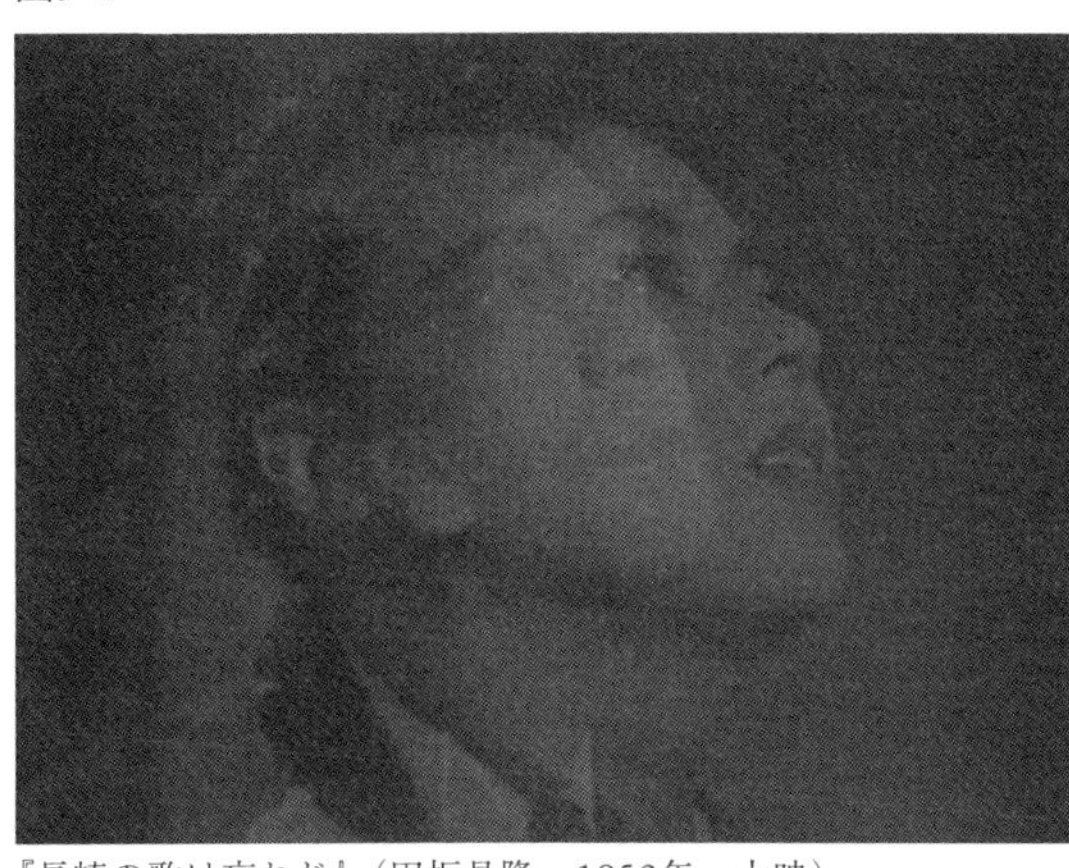

『長崎の歌は忘れじ』（田坂具隆，1952年，大映）

大団円を迎える公会堂での演奏会では、「日米の融合」が鮮やかに描かれる。舞台中央でタクトを振るのはアメリカ人のグレイ、その正面には、五〇人をゆうに超す西洋楽器の奏者たちが、黒いスーツに身を包み、列をなしている。大半が男性で、西洋的なメロディを、ヴァイオリンやチェロなどで力強く演奏していく。指揮者の傍らには、京マチ子と一一人の女性たち。日本の民族衣装である着物姿で、彼女たちは伝統楽器の琴を繊細に奏でていく。この二つの「融合」は、いかなるショットの連結によって構成されているのだろうか。

図5-2

『長崎の歌は忘れじ』（田坂具隆，1952年，大映）

楽曲が中盤にさしかかったあたりで、画面を埋め尽くさんばかりの、西洋楽器を奏でる男性たちが映し出され（図5－2）、続いてショットが切り替わり、今度は着物に身を包んだ女性たちが琴を奏でる姿が映し出される（図5－3）。前者では力強さが強調されるのに対して、後者では、しなやかさと繊細さが強調されている。それだけでなく、この二つの世界は二つの民族を象徴し、と同時にそこには男女というジェンダー規範が重ね合わされている。こうした二項対立的な表現がなされた後、ハイアングルから再びパンして二つの集団をワンショットに収めることで「調和」が強調される。そして最後はロングショットで「日米の融合」が達成されるのである（図5−4）。

対立から和解へ――。プレスシートの宣伝文に書かれてあったように、「日本の運命を背負う美貌の女性」である京マチ子は〈日本〉を背負わされながら、まずは徹底してアメリカを拒絶する。アメリカを象徴するグレイとの対立や摩擦を経て、言語や国境、民族の壁を乗り越えてゆく。このようにして〈日本〉は、最終的には自らをアメリカの近傍へと位置づけるのである。

ここには倒錯したオリエンタリズムの問題がある。もともとオリエンタリズムとは、一般に東洋趣味や異国趣味を意味する言葉で、西洋近代の文学や芸術に描かれた他者（東洋）への憧れのことである。しかしながら、それは客観的な姿ではなく、西洋が見たいと欲した表象にすぎない。このまなざしには暴力がはらまれている。エドワー

図5-3

『長崎の歌は忘れじ』（田坂具隆，1952年，大映）

ド・サイードはそこに潜伏する暴力性、すなわち植民地主義を正当化し、西洋の文明の優越性を確保するためのまなざしを、厳しく批判した。多くの場合、オリエンタリズムにおいては、東洋を異国情緒あふれる未開の地として表象し、たとえば野蛮で非合理的、肉体的かつ官能的というイメージが与えられてきた。

このようなまなざしにとらえられた物語においては、西洋は男性として、東洋は女性として表象され、東洋の美は西洋によって発見される。『長崎の歌は忘れじ』においても、当初反目し合っていた、国籍も民族も異なる二人の男女は、やがて誤解が解け、正義をつかさどる男性が女性の目を覚まさせ、東洋を表象する女性は、西洋を表象する男性を受け入れていく。戦中から占領期を経て五〇年代において、国籍の異なる男女の物語は数多くの映画で主題とされてきたが、二人が結ばれることはほとんどない。お互い「理解」し合い、「和解」がなされることで、大団円を迎えるのである。

図5-4

『長崎の歌は忘れじ』(田坂具隆，1952年，大映)

戦後の日本映画にあって、オリエンタリズム以上に深刻なのは、先に触れた「倒錯」の問題である。西洋が見たいであろうものを想定し、そのイメージに合わせて、異国（他者）の美を演じてしまうという、倒錯した振る舞い。非西洋が、自らを見世物として西洋へ差し出すこうした行為は、近年、「セルフ・オリエンタリズム」という概念で論じられることもある。[3] 極東にある国、日本の異質性・特殊性をことさら強調して西洋へ差し出すこと。欧米で開かれる国際映画祭を意識して大映が中心になって製作した一群の映画――『源氏物語』『雨月物語』『地獄門』『千姫』――は、倒錯した自己呈示の顕れでもあったのである。

『長崎の歌は忘れじ』の場合、その照準はヨーロッパ諸国ではなく、戦中から戦後にかけて濃密な関係をもったアメリカへと向けられている。だからこそ、この時代の政治状況が鮮明に浮かび上がってくるのだ。物語において京マチ子は、日本とアメリカの媒介者となって未来のイメージを照らし出す役割を担っている。かつては仇敵だったアメリカと、占領期を経て同盟関係を築くべく、両国関係を調停する機能が与えられているのである。終始、着物姿で登場する京マチ子は、ときに繊細に琴を奏でてみせ、亡き夫を一途に思い続ける。その行為は、先の大戦での日本人死者を悼む行為であるかのようだ。そしてアメリカを体現するグレイは、国境を越えた友人の曲を

3――テヅカ　ヨシハル『映像のコスモポリティクス――グローバル化と日本、そして映画産業』せりか書房、二〇一一年。岩渕功一『トランスナショナル・ジャパン――ポピュラー文化がアジアをひらく』岩波書店、二〇一六年。

完成させようと努力する。その過程で美しい日本を発見し、その伝統に魅了される。最後に彼は、日本女性の奏でる音を必要とする。だからこそ〈日本〉を背負った京マチ子を通じて、日本国民は彼を許し、新たな未来をイメージすることができる。

対立から和解へ――。自らを女性化して盟主であるアメリカのかたわらに位置づけること。『長崎の歌は忘れじ』という日本の独立直前に公開されたフィルムでは、まさにこの後、日米が実際に歩んでいくその歴史が、アメリカ人男性に対する京マチ子の振る舞いと明確な図像によって描き出されているのである。

2 『黒豹』の日中関係

一九五三年に公開された『黒豹』（田中重雄）は、中国人の父と日本人の母の間に生まれた李秀蘭役を京マチ子が演じた女スパイの映画である。京マチ子がエキゾチックな雰囲気を湛えながら銃撃戦を繰り広げるこの作品からは、日活の無国籍アクションが想起される。ご都合主義的なところが目につき、いうなれば駄作である。だが、京マチ子が肉体派のイメージを引き受けたアクション映画であると同時に、中国と日本の国境を越えた恋愛メロドラマである点は検討に値する。

舞台は終戦間近の上海。重慶の国民政府との和平工作をはじめる日本軍だが、和平を求める中国人や日本軍の将校たちが次々に殺されてゆく。犯人は、貿易商人の呉という人物で、武器などを売る商売の邪魔になったのである。秀蘭の父親も和平論者だったが、呉の一味に殺されてしまう。その犯人が日本の特務機関員だと聞かされた重慶の女スパイ秀蘭は、日本人への嫌悪感を強めていく。この間、若い記者である森川（菅原謙二）は秀蘭と出会い、彼女に恋をする。はじめは拒絶していた秀蘭だが、危機に陥ったところを助けられ、彼の純粋な気持ちを知ると、その愛情を受け入れる。そして今度は自らの危険をかえりみず、和平交渉の密使というミッションを託された森川のために呉からパスポートを奪う。二人は秘密裏に結婚、父を亡き者にしたのが呉だと知って、彼を追い詰める。ところが重慶のスパイであることが露見し、日本の憲兵隊に逮捕され、銃殺の刑に処されることに……。森川と結婚していることや和平に尽くそうとしたことが明らかにされ、死刑を免れる。

映画史を遡ってみると、この映画ときわめて類似した内容の作品が、とくに戦時中に多く作られたことに気づく。李香蘭を主演とする一連の国策映画である。一九二〇年に旧満州（遼寧）で生まれた日本人の少女は、李香蘭という名前の中国人として満映（満州映画協会）から女優デビューした。戦後、山口淑子と名のるまで中国人と偽ってスターとなり、戦中の日本にあって、他の追随を許さぬ圧倒的な人気を誇った。なかでも人気の高かったのが、一九三九年から四〇年にかけて三作続けて長谷川一夫と共演した「大陸三部作」（『白蘭の歌』『支那の夜』『熱砂の誓ひ』）、佐野周二と共演した『蘇州の夜』（一九四一年）である。四一年には日劇で「歌ふ李香蘭」に出演し、劇場を七回り半も観客が取り囲んだという「事件」は伝説化している。

これらの映画で李香蘭は中国人を演じているのだが、国威発揚という国策のもと、国籍の違う男性との恋愛メロドラマが描かれる場合、物語の序盤で彼女は必ずといっていいほど、日本に憎しみを抱く反日派として登場する。最初は主人公の日本人男性に反撥するものの、トラブルや摩擦を乗り越えるなかで、男性の誠実さや正義感の強さを目の当たりにし、最後には親日派になるというパターンが繰り返される。国境を越えた恋愛が成就することはないが、二人は愛し合う。

ほとんどの場合、主役の男性が製作国を表象し、その相手役の女性は外国人である。日本人男性と中国人女性は、はじめは対立するが、男性の高い倫理性に気づいて「女性化」されることが多い。つまり他民族の女性が日本人男性に恋をするのだ。実際、これらの映画で李香蘭は、序盤では中国語で激しく罵倒し、野性味あるエキゾチシズムを湛えていたのが、中盤以降になると、しとやかで献身的な日本的女性へと変化していく。このようにして、他者を従順な存在にすることに成功した男性は、自らの強さ、寛大さを確認して満足するのである。

こうした帝国主義的なオリエンタリズムは、戦時中の国策映画だけでなく、娯楽映画にも見出すことができる。『黒豹』での京マチ子はチャイナドレスや洋服に身を包み、セクシーでエレガントな、日本人とはかけ離れた野性味あふれるエキゾチックな雰囲気を醸し出している。まるで李香蘭のようである。本作の中盤では、銃撃戦を繰り広げるなか危機に陥った京マチ子を菅原謙二が救い出す。男が助けてくれたとは知らずに、日本人を嫌悪する彼女は抵抗し、車のなかで引っぱたかれると、中国語で激しく罵倒して叩き返す。差し出された紅茶をぶっかけ、カップも投げつけて叩き割ってしまう。きわめて暴力的な女性として造形されている。

だが、助けられたことに気づくと、それまでの攻撃的な言動はすっかり影をひそめ、優しく穏やかな言葉で語りかける。「あなたのような日本人にはじめて会ったわ、人間らしいの」と。この後、京マチ子は女性化＝日本化し、従順になっていく。鍵を預けて先に出ていった彼の部屋の台所で微笑みながら皿洗いをはじめるのである。

お互いの立場よりも愛情を優先する二人は、秘密を打ち明け合って抱きしめ合う。そして、誰にも知らせず、ひそかに結婚するのであった。重慶のスパイであることが露見し、銃殺刑処されることになった娘に、母親は花嫁衣装を着せてやりたいと願う。そのことを知った森川は、軍部に頼み込んで、その願いを叶えてやる。「黒豹」のごとく真っ黒な洋服に身を包んでいた京マチ子は、最後に真っ白な着物に身を包み、「日本化」するのである。

3 『八月十五夜の茶屋』の日米関係

アメリカのＭＧＭが製作した『八月十五夜の茶屋』は、ハリウッドの大スターであるマーロン・ブランドやグレン・フォードと、日本を代表するスター女優の京マチ子が共演するハリウッド映画ということもあって映画雑誌でもかなり注目され、記事や特集が組まれた。ハリウッド側もこれまでにない熱の入れようで、沖縄人のサキニを演じるブランドは、メーキャップ師のフィリップ・ローズと三カ月にわたって日本人の顔や姿かたちを研究した。その結果、頭にはカツラを用いることにし、眉毛はドーランでつぶして眉間広くして毛を植えた。瞼と鼻の付け根にはドーランを分厚く塗って鼻を低く見せ、目は横から引っ張って細くし、一重まぶたに見えるようにしたという。

一九五六年四月二二日、セット見学と日米親善をかねて両国のスターが奈良ホテルに集まり、パーティーが開かれた。雑誌の特集ページは、フォードやブランドと歓談する着物姿の京マチ子の写真を誇らしげに掲載した。それらの写真には「京マチ子さんとグレン・フォードが「茶屋」のセットのお庭で仲良く…」、「茶屋のセットの庭で京さんといと楽しげにかたるマーロン・ブランド、ヨキですね…」といったキャプションが付され、あるいは次のような文章が添えられている。

『八月十五夜の茶屋』は、マーロン・ブランドやグレン・フォードら一流スターに、日本からも京マチ子さんら大スターが参加する華やかさ。奈良ホテルに陣取った一行は日米仲良く、生駒山の麓で毎日撮影に大わらわです。[4]

四方田犬彦はその大著『日本の女優』で、映画における卓抜なオリエンタリズム論を展開している。それによれば、「初期段階」において西洋人の映像に登場するのは、因習に満ちた前近代の日本である。『ティファニーで朝食を』（一九六一年）に登場する、背が低く、黒縁メガネに出っ歯の日本人男性ユニオシ（ミッキー・ルーニー）を思い浮かべればわかりやすいだろう。ここでの日本は、ステレオタイプに満ちていて、捏造された他者として表象されている。「第二段階」では、西洋の男性性に基づくまなざしの先に日本女性の美が浮かび上がり、その美しさが強調される。続いて生じる「逆立段階」では、オリエンタリズムの対象とされた日本に心理的な倒錯が起こり、西洋の男性性を受け入れた日本が自らを女性として表象する。これは先ほど指摘した、屈折した事態である。[5]

四方田のオリエンタリズム論に基づけば、日米両国のスターの共演を報じる先の雑誌記事には、第三段階の倒錯的な自己呈示が見て取れる。敗戦でどん底まで突き落とされた日本にとって、西洋のまなざしに、「美」としての日本がとらえられることこそが重要だった。先にも述べたように、国際派路線の一連の時代劇映画にはこうした願望が少なからず垣間見られたし、この雑誌の特集にもそれは見出される。

4——「八月十五夜の茶屋」、『映画ファン』一九五六年七月号、グラビア。
5——四方田犬彦『日本の女優』岩波書店、二〇〇〇年、三〇五—三〇六頁。ちなみに、続く第四段階では、日本が自ら西洋的男性性に同一化して近代化を達成したという認識をもつ「オリエンタリズムの転移」である。例として満映スターで中国人を演じた李香蘭と日本のトップスター長谷川一夫が共演した国策映画『支那の夜』があげられている。

フォードが器用に箸をあやつってカルハーンたちに「スシ」「サシミ」などと大いに先輩ぶりを発揮しているのもうれしい風景。オキナワ芸妓の扮装で現れた京さんは、黄八丈の粋な姿で注目の的。みんな京さんをかこんでニコニコカメラにおさまります。[6]

「茶屋の池に懸った橋の上で京さんとフォードの異国情緒たっぷりのラヴシーン」とのキャプションからも見て取れるように、西洋が見たいと欲するであろう、異国情緒に満ちた伝統的な「他者」を積極的に演じるようになっていき、やがて自らを「女性」として差し出す。日米のスターを写真におさめた先述の新聞記事には、『八月十五夜の茶屋』で「共演しているマーロン・ブランドも、しきりと彼女のキモノ姿をカメラにおさめた」（「読売新聞」一九五六年八月一五日付）と書かれている。

映画においても新聞・雑誌においても、日本人男性がその対象となることはなく、つねに日本女性である。だが、映画と新聞・雑誌では違いもある。後者の場合、「第三段階」にあるのに対し、ハリウッド映画『八月十五夜の茶屋』は「第二段階」にあって、西洋の男性性に基づくまなざしのもと、「美」としての日本が発見されるのである。そして西洋のまなざしにとらえられた〈と日本人が想像した〉〈日本〉イメージに満足した日本の言説として、次のようなものがある。

殊に京マチ子さんは、ブランドやフオードなどのアメリカの第一線スタアに伍して堂々たる主演ぶりで、日本女性の魅力と共に、日本のスタアの実力のほどを充分に見せて大いに気をはいています。[7]

さて、それではこの映画がどのように作られているか、実際に見てみよう。

『長崎の歌は忘れじ』では、製作国である日本が理想とするイメージが投影されていたように、『八月十五夜の茶屋』では、製作国であるアメリカが見たいと欲するイメージが投影されている。

この映画の原作は、軍人として沖縄に滞在していたヴァーン・スナイダーが一九五一年に出版した小説である。すでに舞台化され、ブロードウェイでロングランを記録、ピュリッツァー賞とトニー賞を受賞した。戯曲化したジョン・パトリックが映画『八月十五夜の茶屋』の脚色も担当し、アメリカでは五六年に、日本では翌五七年に公開された。「変わり者」たちが村に集まってあっという間に産業を興してしまうスクリューボール・コメディである。

映画は沖縄民謡ではじまり、画面いっぱいに映し出された襖が次々と開かれて、マーロン・ブランド扮する沖縄人のサキニが登場する。彼によれば沖縄の歴史は征服者たちの歴史で、文化が向こうから勝手にやってくるという。サキニはカメラ＝観客を見つめながら、沖縄の特徴をアメ

6――前掲「八月十五夜の茶屋」、グラビア。
7――「八月十五夜の茶屋――京マチ子さんが、ブランドやフォードと共に主演」、『映画ファン』一九五七年二月、五八頁。

リカと比較しながら語っていく。いわく、隣人を信用している沖縄では戸に鍵をかけないが、アメリカでは鍵が一大産業となっており、不信感が金儲けの種になっている。沖縄の公衆浴場では裸の女性と一緒になることもあるがヌード写真は不道徳とされ、アメリカでは公園の裸婦像はよくても女性が丸裸でいると罰せられる等々。まさにオリエンタリズムに満ちたオープニングである。なぜならオリエンタリズムとは、東洋を未開な存在として表象し、そのようなまなざしの主体（＝西洋）は文明化されているという前提に立つものだからだ。

映画では、沖縄で占領政策の指揮を執るパーディー大佐（ポール・フォード）のもとに、部隊を転々としたフィズビィ大尉（グレン・フォード）が赴任してくる。大佐の命を受けたフィズビィは、通訳のサキニとともにトビキ村に向かう。民主主義の浸透と沖縄の復興を進めるために、その村に学校を建設する使命を与えられたのだ。着任当初は、現地の住人たちとのコミュニケーションの仕方や文化の違いに戸惑うが、次第にフィズビィは沖縄の魅力に目覚め、その村に溶け込んでゆく。ある日、フィズビィは村の人びとからさまざまな〝贈り物〟を差し出される。そのなかに、美しい芸者であるロータス・ブロッサム（京マチ子）がいた。

フィズビィは「ゲイシャ」を売春婦と勘違いしていたために、自分につきまとうロータスから逃げ回る。だが、それが誤解だったと知ると、芸者になりたいという「民主主義婦人連盟」の女性たちのために、芸者の手ほどきをロータスに頼む。一方、村人たちは「民主主義」を武器にして、多数決で決まったことだからと、茶屋の建設をフィズビィに要望、学校建設のために本部が用意した資材を茶屋の建設に使い、資金調達のために酒の製造を発案して村に一大産業を興す。怒った大佐は茶屋と酒の製造所の解体を命じるが、トビキ村が復興計画のモデルとして選出され、本国から視察が来ることを知る。大佐は慌てふためくが、実は茶屋は完全には解体されずに隠され、酒の蒸留器も村人に守られていたことが明かされて、茶屋はすぐに再建、無事に元通りになってハッピーエンドを迎える。

物語の肝となるのは、文明化された国であるアメリカが後進国に民主主義を教えるためにやってきて、そこに「美」を見出し、東洋の文化に魅了されるところである。つねに「常識的」に振る舞っていた大佐が、文明化されていない占領の地に魅せられたところで、この喜劇は見事な大団円を迎える。

喜劇映画として秀逸なシナリオだが、やはり暴力的な側面が大いにある。トビキ村の人びとからフィズビィへ贈られるのは、コオロギの虫かごやカメの卵などで、こうした仕掛けが笑いを誘うにしても、この映画に描かれた「沖縄」はあまりにもステレオタイプな表現に満ちている。厚塗りのメーキャップで目を吊り上げたマーロン・ブランドは、ハリウッドにおける差別表現として非難されてきた「イエロー・フェイス」そのもの、沖縄人であるはずのサキニが話す不自然な日本語も含めて、日本人観客にとってきわめて違和感のある人物造形である。

この映画がアメリカ人の観客を想定してハリウッドで作られていることに注意しておこう。物語を喜劇化するための方策として、沖縄の人びとはコオロギの虫カゴやカメの卵を人に贈るような「得体の知れない民族」で、「個人」として描かれるアメリカ人俳優に対して、彼らは徹底して「群衆」として描かれる。文明化されたアメリカ人にとって、女性をモノのように「贈り物」とすることは、奇異な風習にほかならない。アメリカ人にのぼせ上がった日本のゲイシャ・ガールの執拗な世話焼きは、彼らにとって「災い」であり、不可解な行動をするからこそ、この物語は（アメリカ人にとって）喜劇化するのである。

次に、スナイダーの小説がどのように翻案され、京マチ子演じるロータスが造形されていったかを見ていこう。一九四五年、沖縄復興のために駐留する米軍兵士だったスナイダーがモデルとしたのは、辻遊郭の上原栄子という女性、すなわち芸者とは出で立ちも言葉も異なる「尾類（ジュリ）」（辻などの遊郭でお客をもてなした遊女）であった。琉装で髪を結い、琉球語で話し、沖縄の三線（蛇皮線）を弾き、琉球舞踊を舞う小説の女性は、スナイダーが実際に魅了された「ジュリ」にほかならない（読者にわかりやすくするためか、小説では「Geisha」と表記）。ところが、映画で京マチ子が奏でるのは、三線ではなく琴で、その曲は《さくらさくら》である。

茶屋の開店祝いに京マチ子が踊りを披露するシーンでは、彼女が登場する前に、前座的な位置づけで、大人の女性たちと少女による琉球舞踊が披露される。踊りに合わせて中央で歌う一人の少女。さらに途中からもっと幼く見える少女たちが加わり、画面いっぱいに映し出される。これらの表現から、沖縄は「子供」として表象されていることがわかるだろう。子供が中心となった琉球舞踊が終わると、襖が開かれて、京マチ子が登場。ところが彼女が踊るのは琉球舞踊ではなく、日本舞踊である。伴奏も三線による沖縄民謡から三味線による日本民謡へと唐突に切り替わる。こうして音楽と衣装、そして身体性（踊り）によって、〈沖縄的なるもの〉は〈日本〉に覆い隠されてしまう。[8]

しかも、そこでの琉球舞踊は、ほとんど固定された状態のカメラでとらえられるのに対し、京マチ子の日本舞踊は、カット割りやカメラの移動によってダイナミックに描かれている。もはや京マチ子は沖縄の「ジュリ」ではなく、日本の「ゲイシャ」へと抽象化された存在だといってもいい。つまり、沖縄の土着的な文化は小説から戯曲、映画へと翻案されるなかで、削ぎ落とされていく。このとき、アメリカが見たいと欲したのは、歴史に根づいたリアルな琉球文化ではなく、日本を表象する想像上の「ゲイシャ」だったのである。

トビキ村の人びとによって再開された茶屋を前にして、パーディー大佐は「東洋の神秘とはこのことだ」と目を輝かせて感嘆の声をあげる。その眼にとらえられたのは、沖縄ではなく、極東のエキゾチックな桃源郷だっただろう。このとき周縁（外地）であった沖縄は「子供」化され、中心（内地）であった〈日本〉は京マチ子の身体を媒介にして、魅惑的な異国の「女性」と化す。だがそれは、アメリカ人男性の眼に映じた光景なのである。

8——小説→戯曲→映画の翻案過程における改変の詳細な分析は、名嘉山リサ「消されたOKINAWA——The Teahouse of the August Moon 小説から映画への翻案過程における脱沖縄化」、『沖縄工業高等専門学校紀要』第五号、三三―四三頁を参照。

物語の終盤、互いを想う京マチ子とグレン・フォードの姿は描かれるものの、彼らが一緒になることはなく、別々の国で暮らしていく。このような別れは、戦中の国策映画と同じパターンである。この映画が公開された五〇年代にあっても、日米のスターが共演した映画において、国籍の違いを乗り越えて恋愛が成就したケースはほとんどない[9]。それでもこの映画はアメリカで大ヒットした。理解しがたい異文化間の接触を喜劇化し、前向きで清々しい、ハリウッドらしいハッピーエンドに仕上がっていることもヒットの要因であったと思われる。それでは、この映画は日本ではどのように評価されたのだろうか。映画批評家の飯島正は、この作品について次のように述べている。

沖縄のひとが見たら、憤慨する点もあろうし、それをぼくたちも察しられないでもないのだが、ハッキリいってみれば、これは一種の「お伽噺」なのだから、そう目に角たてなくてもいいだろうという気になった[10]。

この言葉から、アメリカの占領下にあった沖縄と、すでに主権を回復していた本土を区別し、前者をどこか見下すような意識が見て取れるのではないだろうか。

そもそも、この映画自体が、そうした意識を共有していたのではないか。そこではアメリカが最上位にあって、その下に日本が位置づけられ、もっとも下に沖縄がある。そしてそれは、映画において男性、女性、子供として、それぞれ表象されているのだ。ここで看過してはならないのは、民族の優劣関係であるオリエンタリズムの構造に、家父長制やジェンダーの関係性が密かに織り込まれている点だろう。近代を動かしてきたこのような階層構造(ヒエラルキー)は、相互に権力を強化し合うのである。

そうであるとして、ある疑問が残る。この映画に描かれた沖縄はまるでリアリティのないものであったし、ブランドは「イエロー・フェイス」でもって不自然な「沖縄人」を演じていた。にもかかわらず、なぜ日本で酷評されずにすんだのか、という疑問だ。答えははっきりしている。日本における当時の批評は、沖縄ではなく本土に住まう批評家によって占有されていたからだ。

この映画では、戦勝国であるアメリカが主導する「民主主義」が風刺の対象となり、「ジュリ」ならぬ「ゲイシャ」と化した京マチ子を通して、日本の「美」が発見され、先導者であるアメリカ人に称揚されている。この構図は、手ひどい敗戦を喫した日本人にとって、価値の「転覆」として心地よさをもたらすだろう。先述したように、そこにおいて沖縄は「子供」扱いされ、見下されている。にもかかわらず、目くじらをたてなくてもいいといえるのは、矮小化されて描かれているのが沖縄の人びと＝「他者」だからである。だからこそ、飯島にとって「些細なこ

9――『サヨナラ』(ジョシュア・ローガン、一九五七年)は、この時代にあって日本人女性とアメリカ人男性の国境を越えた恋愛が成就するきわめて稀なケースである。

10――飯島正「八月十五夜の茶屋」、『映画評論』一九五七年一月号、九二―九三頁。

と」なのだ。

当時の「読売新聞」には、「京マチ子、見事な演技」と題された、次のような映画評が掲載されている。

これは飛切り面白い喜劇である。そして、うれしいことには、日本のスターが、外国のスターと一緒に出演して、断然他を圧する好演技をみせてくれた映画だ。スターの名は京マチ子。〔……〕

アメリカ軍政の欠点を痛烈に皮肉ったこの映画は、一種の裏返しの面白さを十分にみせる風刺劇である。〔……〕

アメリカ軍政への皮肉のほか、この映画〔を〕みていると、日本の政治家諸公に、せめてトビキ村民ほどの頭の巡りがあれば…といった思いもしてくる。

ブランド、グレン・フォード、清川虹子がよくやっているが、やはり演技随一は京マチ子。

（「読売新聞」一九五七年一月四日付夕刊）

なぜこれほどまでに絶賛されたのだろうか。アメリカによる軍政への痛烈な風刺と、占領下の人びとによる価値の転覆が描かれていたのも、その理由として挙げられるだろう。だが、何よりも、アメリカ人によって発見された日本の伝統「美」が、沖縄の文化のリアリティを覆い隠した

〈日本〉の美であったからではないだろうか。これらの批評においては、いまだ文明化されていない「他者」として沖縄が差し出され、都合のいいときに〈日本〉が呼び出される。〈沖縄〉は、必要なときには〈日本〉に包摂されるものの、そうでないときは排除される。にもかかわらず、当時の批評は、こうした暴力性に無自覚だった。

とはいえ、先の新聞評で大絶賛されていたように、この時期に〈日本〉を引き受けてゲイシャ・ガールを演じることができる女優は、京マチ子以外に考えられないだろう。アメリカによって発見される日本の「美」、アメリカが主導する民主主義を背景にした価値の転覆、言い換えれば、古典的な美と喜劇性を、二つながらに体現できる女優は、彼女以外にいなかったからである。『キネマ旬報』には「日本映画の得難いタイプ」と題された次のような文章が掲載されている。

アメリカ映画『八月十五夜の茶屋』を見た時、グレン・フォードやマーロン・ブランドに伍し、堂々と日本ムスメをやりこなした京マチ子を見て、一驚した方々が多かったろう。アメリカ式のカメラ・ワークによって、大柄な彼女のタイプはますますはなやかさを加え、ワイド・スクリーンせましとばかりに、ハリウッド・スターを圧倒する出来栄えであった。おそらく、こうした型の女優は、日本映画界に彼女一人であろう。[11]

11――「“Close-up”日本映画の得難いタイプ――京マチ子」、『キネマ旬報』一九五八年六月下旬号、一五頁。

グレン・フォードやマーロン・ブランドと渡り合い、彼らに負けない存在感をスクリーンにもたらしたかと思うと、ドタバタ喜劇も演じられる女優となると、京マチ子以外に考えられない。批評家の飯田心美は公開後に発行された雑誌で、「フォードとアルバートも適役だが京マチ子はそれ以上の適役、堂々たる体格に色気をたたえ些かの遜色も見せない」[12]と絶賛し、映画監督の市川崑は「『八月十五夜の茶屋』の京さんに感動したな。実に大きかった。あれは日本女性を代表した国威発揚ですよ。が、考えさせられたね。この大女優を使いこなせない日本の映画界を……」[13]と、女優としてのスケールの大きさに言及している。京マチ子はこの映画での演技を認められ、ゴールデン・グローブ賞の主演女優賞にもノミネートされている。

日本にとって、オリエンタリズムに満ちたこの映画の最大の功績は、京マチ子のコメディエンヌ（喜劇女優）としての才能を発掘した点にあるだろう。肉体派女優として爆発的な演技を見せていたときの躍動感をそのまま活かして、喜劇に仕立て上げたのだ。それは京マチ子の新境地といって過言ではないし、その後のキャリアで十二分に発揮されることになる。先取りしていえば、それによって彼女は「美人女優」から解放されてゆくのだ。コメディエンヌに開眼した彼女は、本作に続いて出演した『いとはん物語』において、新たな地平へと向かうことになるだろう。

12――飯田心美「外国映画批評　八月十五夜の茶屋」、『キネマ旬報』一九五七年二月下旬号、七九頁。
13――「京マチ子の十年目――国際女優の新スタート」、『週刊読売』一九五九年五月三一日号、一八頁。

第六章

〈変身〉する演技派女優——顔の七変化

1　『いとはん物語』の醜女

京マチ子の国際派路線は『羅生門』で偶然にも開始され、『地獄門』で頂点をきわめ、『八月十五夜の茶屋』で完結する。もちろんこの後にも、永田雅一プロデュースで、国際映画祭に狙いを定めた、精鋭スタッフによる映画製作はなされたが、その結果からいってもこうした見取り図は妥当なところだろう。ハリウッド映画出演後のキャリアを見れば、むしろ国際派路線とは異なる主題やイメージを体現していったからである。

〈変身〉する京マチ子――。『八月十五夜の茶屋』を契機に『いとはん物語』（伊藤大輔、一九五七年）で開花した彼女のキャリアは、新たなステージへと突入する。本章で焦点を定めるのは、これまでほとんど注目されてこなかった変幻自在な京マチ子の演技についてである。彼女にとっての〈変身〉の主題は、『いとはん物語』で花開くが、実はこの「扮装」の系譜は、同作を観た後に、初期から見返すと、肉体派／国際派が並行するなかに脈々と流れていたことに気づかされる。そして、その起源は、『羅生門』（一九五〇年）における「一人四役」に求めることができるだろう。〈変身〉に関してはそこで詳しく述べているので、ここでは省く。

『羅生門』に続いて、〈変身〉の側面が見て取れるのが、川端康成の小説『浅草物語』を映画化した『浅草紅団』（久松静児、一九五二年）である。川端は昭和モダニズム文学を代表する小説家の一人だが、そうした要素は、オールスターキャストによるこのお正月映画ではほとんど拭い去られてしまい、「文芸映画」とは言い難い娯楽映画になっている。とはいえ、この映画では京マチ子の変身ぶりが堪能できる。当時の新聞評を見てみよう。

国定忠治まがいのマタタビ姿から、若衆、芸者、町娘といろいろ姿を変えての京のチャンバラぶりは想像以上のうまさで、最近時代劇に出演している各社の現代劇スターたちのおよびもつかぬ出来である。(「読売新聞」一九五二年一月四日付夕刊)

すでに述べたように、『浅草紅団』で京マチ子は、性別も社会階層も異なるキャラクターへと次々と変身してみせる。『黒豹』(一九五三年)では、黒いドレスに身を包んだエキゾチックな女スパイが、最後には真っ白な花嫁衣装をまとい純潔な日本女性へと姿を変える。そのまなざしや発話の仕方も含め、一つ一つの所作が以前とは異なり、もはや同一人物とは思えないほどの変身ぶりだ。過去にトラウマをもつ女性を演じた『虹いくたび』(一九五六年)では、すでに言及したように、固く心を閉ざした冷たい姉を演じているが、戦時中の体験がフラッシュバックする際に、つぶらな瞳であどけない表情を浮かべてみせる。それは、全編に出てくる人生に絶望した不幸せな女の表情ではない。こうして見てくると京マチ子は、『羅生門』での「一人四役」を契機に、いたるところで多面的なペルソナを発露させてきたことがわかる。以下、まずは京マチ子がまったくの別人に成り代わった『いとはん物語』から詳しく見ていくことにしよう。

繰り返し確認しておくならば、ハリウッド映画『八月十五夜の茶屋』に出演した京マチ子はコメディエンヌとしての才能を開花させたのだった。この映画での成功は、一九五〇年代後半における彼女の方向性を変えるほどの出来事だった。大映の看板女優であり、ドル箱スターでもある京マチ子のプロモーションは、ワンマン社長で有名な永田雅一によって厳密に管理されていた。だが、超大作での喜劇女優としての成功は、永田のこれまでの方針に変更を迫ることになる。それが明確にわかる新聞記事「醜女(しこめ)役で売出す」を見てみよう。

これまで京マチ子のみにくい顔はポスターはいうまでもなく、宣伝スチールにも絶対使用まかりならぬときびしい命令を出していた永田社長が、最近彼女が出演したメトロ映画「八月十五夜の茶屋」の演技でアカデミー賞候補にのぼったという報がひとたび伝わるや、急に彼女のみにくい顔をポスターに出してもよいと命令を変更したばかりでなく、目下彼女が〝しこめ〟(醜女)役を売りものに、伊藤大輔監督、アグファ・カラーで撮影中の「いとはん物語」も高貴な〝母もの〟映画である点を強調せよともいいだした。(「読売新聞」一九五六年一二月一八日付夕刊)

『いとはん物語』の撮影に入ると、「顔のみにくい女の悲劇を描くもので主演の京マチ子のメーキャップが話題になっている」（「読売新聞」一九五六年一一月一二日付夕刊）と報じられてもいる。雑誌メディアでも『八月十五夜の茶屋』でのマーロン・ブランドのメーキャップはかなり注目されていたから、そうした影響もあったかもしれない。

女優としての京マチ子の基本路線は、『羅生門』のグランプリ受賞の報と、『八月十五夜の茶屋』の演技賞候補の報をそれぞれきっかけにして永田から変更が「命令」され、それによって新たな方向性が模索されたといっていい。先ほどの「醜女役で売出す」という記事でも、伊藤大輔は『いとはん物語』で「美人女優をきたなくして描く」のは非常に難しかったと語り、次に撮影が予定されている『踊子』を前に、京マチ子自身が「当分は美人役は返上です」と話している。国際的な「スター女優」から、本格的な「映画女優」へと、彼女は「美人女優」から解き放たれて、演技の幅を一気に広げることになった。

もちろん、日本映画の初期には女形が女性を演じていたし、「男装の麗人」として高い人気を誇ったターキーこと水の江瀧子も異性装の魅力を放っていた。五〇年代には美空ひばりも七変化を見せ、男役を演じた。だが、京マチ子の〈変身〉は、よりリアリズムに徹している。

映画の冒頭、「「いとはん」とは良家の娘を呼ぶ大阪の方言で「お嬢さん」に当る言葉である」というクレジットが入り物語がはじまる。舞台となるのは、大正時代の大阪西長堀にある老舗の扇弥。京マチ子が演じるのは三姉妹の一番上の姉、一人だけ不器量に生まれたが、心は純粋で美しいお嘉津である。参詣の帰り道、町内の男たちに「おかめ顔」とからかわれていたところを番

図6-1

『いとはん物語』（伊藤大輔，1957年，大映）

頭の友七（鶴田浩二）に助けられる。彼女は友七への密かな想いを募らせる。

そのオープニング、技巧的なメーキャップだけでなく、清らかで優しい心の持ち主だとわかるような話し方と身振りに驚かされる。地紙（じがみ）（扇などに張るための紙）の買い付けのために四国へ旅立つ前に、軒先の物干し場の花壇に水をやる友七と言葉を交わし、彼が発った後で彼女は歌を口ずさみながら水やりをはじめる。カメラは少し後退してロングショットの長回し。この場面の素晴らしさは、彼女の嬉しそうなちょこちょこした身体の所作――肉体派路線にも国際派路線にも見られなかった身のこなし方――によって構成される。このショットは、母親が彼女の恋心に気づいて友七と結婚するように勧めて恥ずかしがりながらも承諾したお嘉津が、今度はダンスを踊るように軽快に水やりをする場面で反復される。

友七との結婚話が進み、この上ない幸福を噛みしめるお嘉津は、旅行で箱根に来ている友人から、「新婚旅行の気分でいます」と書かれた、写真の同封された手紙を受け取って、友七との未来を思い描く。写真を眺める彼女の醜女顔がクロースアップで強調される（図6－1）。

そして空想のシーンで醜女から美女へ——。紫の艶やかな和服に身を包んだ彼女は、これ以上はないというほど美しい（図6－2）。伊福部昭の繊細かつ力強い音楽とともに、二人は幸せそうに箱根の雄大な大地を歩く。『春琴物語』でもそうだが、伊福部昭による荘厳な音楽は、このようなシーンで映像がもつ魅力を最大限に引き出す。

図6-2

『いとはん物語』（伊藤大輔，1957年，大映）

そこでは広大な夕空が映し出され、彼女の一途で清らかな佇まいとあいまっていっそう美しい、五分を超す長いシークェンスとなる。いつしかこの場面は彼女の夢へとすり替わっていき、机にもたれて眠りこけている醜女の姿を映し出す。

このようにお嘉津に恋い慕われる友七だが、実は小間使のお八重（小野道子）と心が通じ合っていた。お八重は「いとはん」のことを思って身を引こうと手紙を残して家出する。友七はその手紙をお嘉津に手渡して後を追いかける。鏡に映し出された自分の容姿に怒りをぶつけ、悲しみにくれるお嘉津。一緒に泣く母に向かって彼女は、友七とお八重にいいように計らってあげてくれと頼むと、物干しへ一人で出ていき、泣き崩れる。そこは友七との結婚を勧められて彼女が嬉しそうに花に水やりをした場所である。崇高で叙情的な音楽とともに、ゆっくりとカメラを後退させるすばらしい長回しで物語は終わる。色とりどりの花は、この場面の悲哀とは裏腹に、彼女の心の美しさを象徴するかのように静謐に咲き乱れている。

2 『穴』における七変化

同じ年に公開された市川崑の『穴』（市川崑、一九五七年）は、京マチ子の〈変身〉をより前面に押し出した作品である。彼女が演じるのは美貌と知性を兼ね備えた週刊誌記者。市川崑はこの映画のことを「スリラー喜劇」と呼び、「いってみればロマンス、喜劇、風刺、スリラーの要素を手当り次第に詰め込む筋の構成を持ちながら、京さんの魅力をみせるショーのような作品になるでしょう」（「読売新聞」一九五七年七月二四日付夕刊）と語っている。その言葉通り、物語は、彼女の周辺で凶悪殺人事件が起こって彼女に嫌疑がかかったのを、お得意の「変装」を武器に事件を解決する話である。

有能なジャーナリストである北長子（京マチ子）は、鳥飼巡査（石井竜一）から情報を聞き出し、猿丸警部（菅原謙二）をモデルに汚職警官の記事を書き、週刊誌に掲載。それが原因で文芸公論をクビになった。自室で悲嘆にくれる彼女のもとへ友人が訪れるが、ここでの京マチ子からしてこれまでの彼女とはまったく違って見える（図6－3）。友人のアイデアで、一カ月の間、長子が姿をくらませ、その間に探すことができた読者には五〇万円の賞金を出すという企画を出版社に売り込む。週刊ニッポン社との契約に成功した彼女は、生活資金を借りにいった第億銀行の白州（山村聰）とその部下である千木（船越英二）、六井（春本富士夫）たちによる預金横領の犯人に仕立て上げられることになる。長子とよく似た替玉に犯行をやらせて、長子の失踪が終わったときに逮捕させようという計画である。

図6-3
『穴』（市川崑，1957年，大映）

失踪完遂直前、最後の夜を自分の部屋で過ごそうとした彼女は、ロングヘアーでバタくさい化粧の濃い女に扮装して現れる（図6－4）。不可解な、だが差出人は第億銀行に勤めていることがわかる手紙が届いており、白州のもとを再び訪れる。彼は長子の扮装にまったく気づかない。そのとき偶然にも白州たちの悪事を知った彼女は、その後、部下の一人である六井のもとを訪れると、何者かに殺されていて、犯人にされてしまう。次に彼女が変身するのは田舎娘、眉毛もメイクも話しぶりもすべてが違って見える完璧な「変装」である（図6－5）。その後、一度替玉の女に捕らえられてしまうが、その女を倒

図6-4

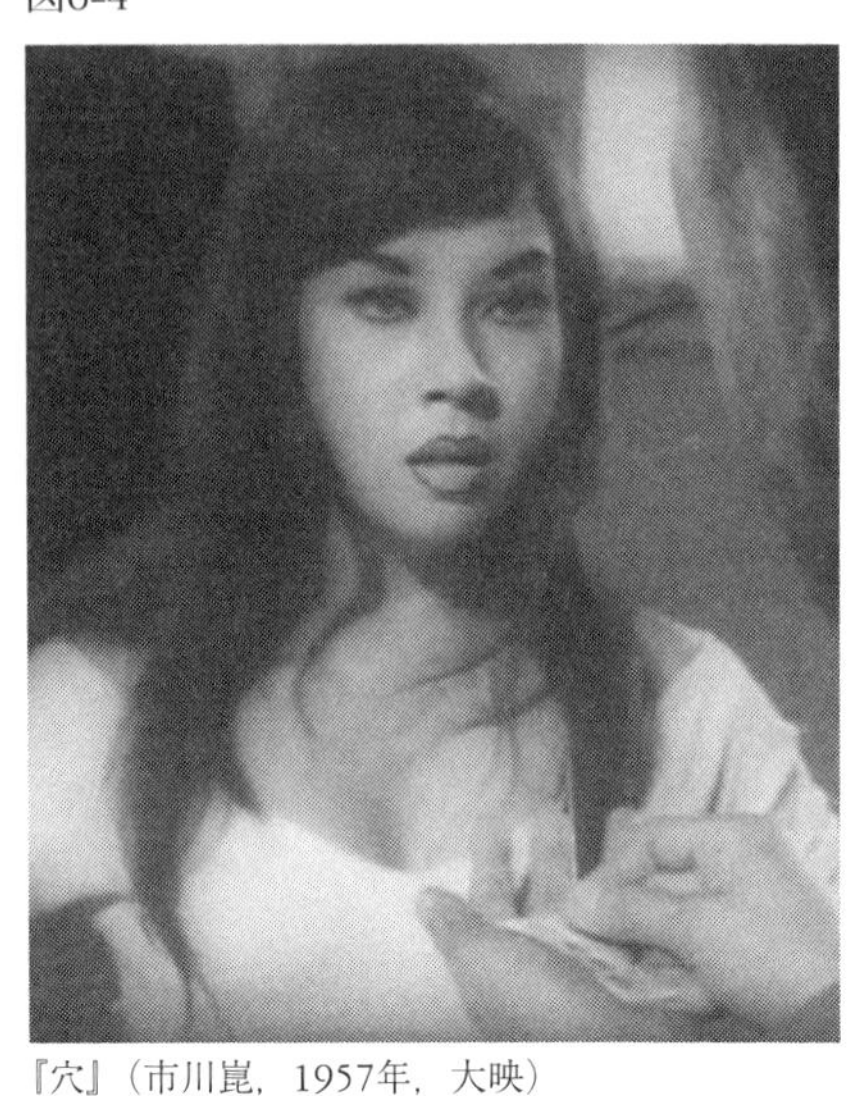

『穴』（市川崑, 1957年, 大映）

してワンピースとハットのモダンな女性へと変身（図6－6）。この後も、コロコロと姿を変えていく。最終的には誰が犯人だったか明らかになるのだが、当時のプレスシートにならって真相は伏せる。

プレスシートの放送原稿には、「内容は市川監督の要望で、ヒントを申し上げる程度でお許し願います」とある。宣伝ポイントとして「京マチ子の七つの顔と姿体の魅力」があげられ、「七つの顔と、七つの姿体をもつ女、京マチ子の――穴」と記されている。[1]この作品は京マチ子の「七変化」を魅力的に見せる――市川崑がいうように――彼女の〈変身〉ショーなのである。

スピーディな展開、キレのあるカッティング、テンポの早いダイアローグ、これまでの俳優たちのイメージを破壊する演出、それらが複数のジャンルをごった混ぜにした構成とあいまって、市川流の斬新な異色作となっている。実際、京マチ子の〈変身〉や巧みな演出を称賛する批評が散見された。たとえば次のような記事である。

ズーズー弁の田舎娘から銀座をカッ歩するカリプソ娘まで七つの変装もする。ブロマイドや普通の劇映画で見なれた地の彼女が現れるのはこの作品の最初と最後だけで、あとはてんでいかれた〝まともでない女〟として顔をみせる。（「読売新聞」一九五七年八月二九日付夕刊）

京マチ子だけでなく、菅原謙二や船越英二も含めて、それぞれのキャラクターを強調するため

図6-5

『穴』（市川崑，1957年，大映）

図6-6

『穴』（市川崑，1957年，大映）

1――大映本社宣伝部発行『穴』プレスシート、一九五七年。

に役柄を極端にデフォルメし、実験的な演出をした市川に対して、大映トップスターの人気が削がれてしまうと懸念した会社が注意をしたようだが、一笑に付したといわれている。大映はこの作品を「本格的探偵スリラー」として売り出そうとしたが、市川は「ロマンチック・コミック・スリラー」と名付けた。『八月十五夜の茶屋』で開花したコメディエンヌとしての側面に、華麗な七変化が加わって、京マチ子は難しい役を怪演している。結果は概して好評、新聞で特集された東映・松竹・大映の総評では、「きまりきった描かれ方しかされなかった京マチ子に『穴』をやらせて成功した大映」（「読売新聞」一九五七年一一月二日付夕刊）との評価を得ている。

『八月十五夜の茶屋』でその演技が国際的にも評価された彼女は、翌五七年、『いとはん物語』の公開にはじまり、『穴』で幕を閉じる。年末には、フィンランド映画記者協会から世界最優秀女優演技賞を贈られた。五七年こそ、「美人」女優から解放されて、思い切り役柄へとぶつかっていけるようになった、京マチ子の本当の「演技派女優」時代のはじまりなのである。

3 『大阪の女』の喜劇性

大阪の街を見わたすタイトル・バックの後、戦災をまぬかれた大阪天王寺界隈で芸人たちが隣接して暮らす長屋が映し出される。『大阪の女』（衣笠貞之助、一九五八年）は、クレーンを使った長回しで、窓外にあるカメラが複数の部屋を移動しながらとらえるワンシーン・ワンショットではじまる。サスペンスの巨匠アルフレッド・ヒッチコックの『裏窓』（一九五四［五五］年）で主人公が向かいのアパートメントの住人たちを望遠レンズ付のカメラで眺め回す視点ショットの影響だろう。だが、『裏窓』の住人の場合、隣人とは無関係に都市生活を送っているのに対して、『大阪の女』の場合、ある住人のアクションがカメラが移動する契機となり、それによって、ほかの部屋の住人がフレームイン、そうしたアクションの連鎖によって、六つの部屋とその住人たちが瞬く間に浮かび上がってくる。どういうことか、以下、具体的に見ていこう。

お千（京マチ子）は父親の半丸（中村鴈治郎（がんじろう））と二人で長屋の二階に暮らしている。その部屋から半丸の視線に導かれて、麻雀に興じる隣人たちへとカメラは横移動、そのうちの一人がさらに隣の部屋へ視線を送ると、カメラは二階の窓を移動していき、汚い音を立ててうがいをする男を映し出す。窓の外へ男が吐き出したうがいの水を追いかけてカメラは下方へと移動、一階で上の住民の文句をいう大家の部屋がフレームインしてくる。続いて大家が、不満を漏らしながら隣の部屋へ移動するのを追いかけて、娘の染子（角梨枝子）がいる部屋へ。今度は染子が隣人を呼ぶ声に合わせてカメラは右側へと移動していく。こうして六つの部屋と住人が一気にワンショットでとらえられ、この場所に住まう人間たちの雰囲気が一挙に映像化される、見事なオープニングである。

貧乏な芸人たちが集まったこの地区は「芸人村」と呼ばれ、上方落語、漫才、浪曲、奇術、曲芸を生業にする者たちが住んでいる。半丸（中村鴈治郎）は、もともと人に知られた漫才師だったが、相方だった女房に先立たれ、いまは人形作りに凝っている。この父親は人は良いのだが、酒と女に目がなく、呑気でだらしがない。こういう人物を演じさせると鴈治郎は絶妙な味わいがある。京マチ子が演じるお千は、バンドマンの夫を急病で失い、父親との二人暮らしを針仕事で支え、甲斐性のない父親に文句もいわず、明るく健気（けなげ）に毎日を過ごしている。

半丸は、夫に先立たれた娘をいじらしく思い、本人には見合いだと告げないまま役者の米太郎（船越英二）に引き合わせる。お千には宗二（高松英郎）という初恋の人がいたものの、米太郎との縁談を受け入れる。心優しい米太郎とお千の生活がはじまるが、それも束の間、寄席に出た帰り道、お千の目の前で彼は車に轢かれて重傷を負う。損害賠償金を受け取りにいった半丸は二万円を受け取るが、ジャンジャン横丁で酒を飲んで札束を見せびらかし、女にスラれてしまう。申し訳なさそうに謝る父を前に、涙をこらえながらお千は自分が働きに出ることを決意する。だが、彼女の懸命な介抱も虚しく、「死ぬ前にお前に詫びないかんことがある」とだけ言い残して、米太郎は死んでしまう。賠償金は彼が急逝したことによって三〇万円になり、芸人村の住人たちは沸き立つ。彼らは借金の返済のため、あるいは運用資金を得ようと目論んで、お千に近づいてくる。笑福（山茶花究）にいたっては、賠償金を元手に追善興行をおこなって儲けようと住民たちを煽り、その気にさせる始末だ。

そんななか、米太郎の家内と自称する幼子を抱えた女が突然、現れる。米太郎はそのことを最後までいえずに死んでしまったのだ。長屋の連中は結託して追い払い、大金を死守しようとするが、再び女がお千の前にやってくる。その背中にいる幼子を見たお千は、「この子供さんにもっていってもらいます」と、賠償金をすべて渡してしまう。必死で引き止める芸人村の住民たち、怒り狂って娘を引っぱたく半丸。そこに、火事で焼け落ちてしまった店の再建費用を借りようとしていた宗二が止めに入って、どれだけ彼女の心が綺麗かを力説する。一から出直すという宗二は、追善興行にパントマイムで参加させてくれと頼む。

図6-7

『大阪の女』(衣笠貞之助, 1958年, 大映)

最後は無事に開催された追善興行のシークェンスである。お千は、漫才大会の宣伝のためにチンドン屋になって、最初の夫の形見であるクラリネットを吹きながら商店街を練り歩く(図6-7)。その光景に、公演の場面がクロスカッティング(違う場所で起こっている出来事を交互につなぐ編集技法)され、お千は軽快な旋律に体を弾ませながら、人込みのなかをずんずんと進んでいく。その明るく軽快な姿に観る者は心を打たれる。最後は雑踏のなか、リズミカルなステップで演奏をしながら商店街の通りを奥へと進んでいくお千の姿を長回しでとらえ、カメラはクレーン・ショットで上昇、すばらしいラストシーンである。
『大阪の女』は、八住利雄の連続テレビドラマ「女神誕生」を映画化した人情コメディである。大映の美術スタッフが手がけたセットが、貧しくも明るい生粋の大阪の芸人たちと「芸人村」の雰囲気を絶妙に作り上げている。京マチ子は、普通なら絶望するような出来事に見舞われても、底抜けに明るく生きてゆくお人好しの女性を演じた。この作品のなかで〈変身〉を見せるわけではないが、彼女はそれまでの京マチ子像とはまったく異なる顔と性格を造形している。

図6-8

『大阪の女』(衣笠貞之助, 1958年, 大映)

伸びっぱなしの眉毛、ぼさぼさの髪、純真無垢な瞳、いつも以上に丸顔に見える顔が、お千のおおらかな心を表していて、この作品の京マチ子はこの上なく愛らしい(図6-8)。大映のプレスシートには、「演技陣も芸達者ばかりそろえた魅力を訴えるより、京マチ子が喜劇に新境地を開くものとして、明るい印象を与えるようにします」[2]と宣伝ポイントが書かれている。

転機となった『八月十五夜の茶屋』を皮切りに、『いとはん物語』や『穴』、『あなたと私の合言葉　さようなら、今日は』など、五〇年代後半の京マチ子は、次章で論じるような、プライドが高く気性の荒い女とはまったく反対に、一般にあまり認知されていないものの、喜劇女優としての妙演を見せていたのである。

4　『鍵』の二面性

谷崎潤一郎の『鍵』は、『中央公論』で一九五六年に連載された小説である。連載が終わった直後に国会で問題視され、谷崎は各社からの映画化の申し出を固辞した。その二年後、市川崑と谷崎の両者と親しい淀川長治が仲介するかたちでようやく許可が降り、公開されたのが五九年のこと。この年、京マチ子が出演したのは七本、うち二本が市川作品である。『鍵』の前に、正月映画として『あなたと私の合言葉　さようなら、今日は』が一月三日に公開されている。

小津安二郎へのオマージュ＝パロディが随所に見られるこの作品で、京マチ子と若尾文子は友人同士の役柄を演じた。市川崑の独特な演出は、若尾文子の個性を引き出している。奇妙な笑い方をするメガネ娘、無表情で抑揚のない棒読み風の話し方、メガネを外すと見えなくなって目を

2――大映本社宣伝部発行『大阪の女』プレスシート、一九五八年。

細める表情等、キャリアの原点がアニメーターにある市川の演出によって、若尾文子のキャラが面白く際立っている。[3] 京マチ子は、大阪の典型的なやり手の女将（おかみ）で、若尾の婚約者を最後には奪ってしまう。アニメやマンガを思わせる、野添ひとみの強烈な登場シーンは一見の価値あり。痛む親知らずを冷やすために顔中に包帯を巻き、首を不自然に傾けた状態で一気にズームインして彼女が現れる場面は、恐ろしい音響との相乗効果で、まるでホラー映画のようである。スピーディなカッティングの対話やスタイリッシュな映像のテンポに崑タッチが滲み出ている。

ラブコメのような『あなたと私の合言葉　さようなら、今日は』とは打って変わって、『鍵』はシュールで官能的なブラック・コメディである。谷崎の原作は、和田夏十（なつと）・長谷部慶治・市川崑のシナリオによって解体され、主人公の老人も、その性欲の物語も、殺人（喜）劇に改変することで、谷崎作品とはまったく違うタッチの作品になっている。ちなみに谷崎が映画化を認めた際の条件に、主演は京マチ子ということが含まれていたという（大映側は山本富士子を希望していた）。

古美術の鑑定家である剣持（中村鴈治郎）は老化による衰えを感じ、インターンの医師・木村（仲代達矢）からホルモン注射を受けている。木村は剣持の娘・敏子（叶順子）の婚約者。剣持は、美しい妻の郁子（京マチ子）に木村を近づけて、自らの嫉妬心を掻き立てようとしていた。

ある日、木村を自宅へ呼んで酒を飲んだ際に、しきりに剣持は郁子に酒をすすめる。彼女は酔って風呂場でぐったりと倒れてしまう。剣持は浴槽から妻を抱き上げ、目を背ける木村に声をかけて、素っ裸の体を拭かせる。この作品が採用しているアグファ・カラーは、彩度を落としたくすんだ色調が特徴だが、それによって統一されていた画面が、ここではまったくの別物になる。風呂場に充満する湯気と、京マチ子の肌にしたたる水滴によって匂い立つような色香がスクリーンを満たすのだ。翌日も診察のためだといって木村を家に呼び、一緒に酒を飲む。再び郁子は気絶し、二人で介抱する。

剣持は、木村にもらった写真機で撮影した妻の淫らな裸体の写真の現像を木村に頼む。このようにして彼は、若い男を妻に近づけることで嫉妬心を燃やしては女を欲望するということを繰り返していた。やがて、無理を押して性行為を重ねた剣持は脳溢血で倒れて重体に。その間、木村に裏木戸の鍵を渡した郁子は娘の婚約者である彼と肉体関係をもつ。ある晩、病のせいで口が回らない状態でありながら、剣持は妻に裸になれと命じる。古風な貞女である彼女は夫の命令に逆らうことはない。黙って衣服を脱いでいく郁子。妻の肉体に歓喜した剣持は、ついに息絶える。その瞬間、終始、生気のない陰鬱な雰囲気を漂わせていた郁子の表情が変わる。血圧の高い剣持をさらに興奮させる計略が功を奏した彼女は、「死んだ……」と愉悦の笑みを浮かべるのである。表の顔は「古風に育った貞女の鏡」で、いつもは控えめなトーンで淡々と話をする京マチ子が、本心を見せる瞬間である。

3――市川崑は、ディズニーのアニメーションに憧れ、東宝の前身のうちの一社であるJ・Oスタジオ・トーキー漫画部に入り、アニメの下絵描きからはじめた。一九三六年に製作された『新説カチカチ山』では、脚本、作画、監督、撮影、編集のほとんどを一人でこなしたという。

図6-9

『鍵』（市川崑，1959年，大映）

ゾクッとさせられるシーンはほかにもある。たとえば物語の序盤、裏口の戸の隙間から子猫が顔を覗かせている。「かわいい……」といってミルクをやる郁子。だが、子猫が足を引きずっているのがわかると、鬼のような形相になって首を摑んで外へ放り投げてしまうのだ。そのときのクロースアップの表情がひどく恐ろしい（図6-9）。『雨月物語』における般若の形相を彷彿とさせる演技だ。さらに、戸を開けて投げ捨てるときの潔癖な摑み方も嫌悪に満ちた身振りも絶妙である。この場面は、貞淑な妻として普段は表には出さないものの、足を引きずって歩く剣持への嫌悪のメタファーだろう。

物語の結末はシュールで滑稽である。紅茶を飲み、サラダを食べている郁子と娘の敏子、そして婚約者の木村。実はそのサラダには農薬が盛られていた。女中のはな（北林谷栄）が密かに混ぜていたのだ。彼女は何度も警察に対して自分が殺したのだと自供する。だが、まったく取り合ってもらえない。刑事たちは、経済的に行き詰まっていた状況から、夫人が亡き夫の後を追おうとし、それに同情した娘と婚約者が一緒に自殺したのだと結論づけた。

この作品でも崑タッチは健在、鋭いカメラワークやカッティングなど編集のリズムが軽快で、スタイリッシュに物語は進んでいく。だが、この映画に登場する人物は、いずれも抑揚のない話し方と無愛想な表情で、不気味な雰囲気が醸し出される。俳優の身体の配置もリアリズムを志向することがなく、アニメーションやマンガに近い印象的なショットが多い。京マチ子から放出される色香も観客を圧倒する。クロースアップで京マチ子の皮膚の肌理（きめ）や濡れた肉体が生々しくとらえられ、これしかないという構図で差し出されるのだ。

だが、このような独自の世界を作り出している決定的な要素はメーキャップだろう。準備期間に大映が総力を結集しておこなったのが、俳優の顔の造形だった。市川崑とカメラの宮川一夫、そしてメーキャップを担当した野村吉毅によって、メイクとカメラテストが繰り返し実施された。

とくに京マチ子は従来の顔とはまったく異なる造形で、物語の奇妙な世界を表現することに大きく寄与している。吊り上がった眉と目、そして唇のメイクは、狐の妖怪のようでもある。デフォルメされたその顔は、ときに般若のような形相となる。「夫人はたいそう貞淑な人だったようです」と刑事がいうように、能面のごとく表情を変えない京マチ子が、心の奥底を覗かせる瞬間こそが、このフィルムをもっとも恐ろしくさせているのだ。京マチ子は、エロスと狂気の権化のような相貌で、表／裏の顔を演じ分けたのである。『鍵』は市川版を皮切りに何度かリメイクされているが、京マチ子が出演した市川版こそが、もっとも露出度が少ないにもかかわらず、飛び抜けてエロティックで恐ろしく不条理だ。

市川版『鍵』は高い評価を得て、カンヌ国際映画祭で審査員特別賞、国内ではブルーリボン賞の監督賞をそれぞれ受賞したほか、キネマ旬報ベスト・テンで第九位に入り、ゴールデン・グローブ賞の外国語映画賞にもノミネートされた。

5 『黒蜥蜴』における変装

江戸川乱歩の原作を映画化した『黒蜥蜴』（井上梅次、一九六二年）は、京マチ子演じる黒蜥蜴と大木実演じる明智小五郎が一騎打ちをする探偵ミステリー映画で、ミュージカルを取り入れた「娯楽超大作」としてプロモーションされた。映画の斜陽化とともに、一九六〇年代に入ると京マチ子の映画出演は少なくなっていく。『黒蜥蜴』に出演した六二年には、ほかに二本の出演映画が公開されているが、そのうち主演作はこの作品と『女の一生』（増村保造）である。それ以降、公開作品は多くても年に二本程度、それも毎年のことではなく、出演作がない年もある。

『黒蜥蜴』は少女歌劇のような舞台的な演出もあるものの、肉体派としての踊り子役の要素や「七変化」を存分に盛り込んだ、はまり役である。プレスシートには次のような作品解説が掲載されている。

知恵と知恵！　変装と変装！　スリルと恋の一騎打！　七つの仮面をもつ女賊黒蜥蜴と名

探偵明智小五郎の虚々実々の対決。絢爛たるムードに溢れたデラックスな娯楽大作である。〔……〕出演者は、八ヶ月ぶりで病気全快の京マチ子が女賊黒蜥蜴に扮して巧みな変装と久方ぶりにあの素晴らしい百万弗の脚で妖しい魅力的な踊りを披露する。[4]

京マチ子は、これまで演じてきたいろんなタイプのイメージを混合させている。タイトル・バックでは、肌を露出させた真っ黒なドレスで鞭を振りながら、艶やかでエロティックな踊りを見せ、物語がはじまると、真っ白な着物をカチッと着た美しい高貴なマダムになる。緑川夫人（京マチ子）は、宝石商の岩瀬（三島雅夫）から明智小五郎（大木実）を紹介される。宝石に目がない彼女は、部下と結託して岩瀬の令嬢・早苗（叶順子）を大阪のホテルから誘拐する。令嬢の護衛のために、高額の報酬で岩瀬に雇われていた明智だが、不覚にも早苗を誘拐されてしまう。だが、明智は推理を働かせて部下に指示を出し、早苗を取り戻す。目の前の緑川夫人こそ真犯人の黒蜥蜴だと明智は見破るのだった。すると彼女は銃を取り出し、宝塚歌劇の男役スターのような紳士に扮装（図6-10）、ホテルから姿を消すと、厳重に早苗を守る岩瀬宅から部下を使って再び誘拐に成功する。このときの京マチ子は、エレガントな黒い洋服に宝石を身につけ、まるで魔女のよう（図6-11）。アラビアの星というダイヤモンドと引き換えに娘を返すという条件で取

4——大映本社宣伝部発行『黒蜥蜴』プレスシート、一九六二年。

図6-10

『黒蜥蜴』（井上梅次，1962年，大映）

図6-11

『黒蜥蜴』（井上梅次，1962年，大映）

引をし、東京タワーで岩瀬からダイヤを受け取る。すると地味な中年女性に素早く変装、その場から立ち去る（図6－12）。

無人島には宝石や美術品とともに人間の剥製も陳列されている。美しい早苗はそのコレクションに加えられようとしていた。だが、誘拐された早苗は、明智が事前に用意した替え玉だった。明智自身も変装をしてこの無人島に潜り込んだ。明智の計略で警官隊が島を包囲すると、黒蜥蜴は毒を飲み、明智への愛を打ち明けながら死んでゆく。

取り立てて論じるほどの映画ではないが、京マチ子の変装には強烈なインパクトがある。眉やアイラインなどメーキャップ技術に負うところもあるだろうが、高貴なマダムから若い男へとジェンダーを越境したかと思うと、冴えない主婦から高貴なマダム、エレガントな魔女からエロティックな肉体派まで、次々と変装しては姿を現す。この作品に関していえば、ミュージカル仕立てということもあって、リアリズムはまったく目指されていない。いわば漫画やアニメーションのようなデフォルメされたキャラクター造形がなされているのである。

京マチ子の充実したキャリアのなかでは、決してメインストリームではなかったものの、〈変身〉という主題は、とりわけハリウッド映画出演後の彼女のパフォーマンスにおいて、大きな魅力の一つであった。この主題をさらに展開するためにはスター女優の称号をいったん白紙に戻して、演技派女優の道へと転回する必要があったのである。

京マチ子の「扮装」は、演技派女優としての一側面であった。そこでの見事なまでの「扮装」はなぜ可能で、その魅力の源泉はどこにあったのだろうか。これについて語っている人物がいる。谷崎潤一郎である。彼女の出世作『痴人の愛』の原作者であり、京マチ子をリアルタイムで見てきた昭和の文豪は彼女について「女優さんと私」と題した文章を寄稿している。

図6-12

『黒蜥蜴』（井上梅次，1962年，大映）

京マチ子の顔は、現代、徳川時代、平安朝時代、天平時代、いずれにも向く。源氏物語、平家物語、

図6-13

『足にさわった女』（増村保造，1960年，大映）

太平記、太閤記、近松物、西鶴物、いずれの世界の女性に扮しても似合う。そして又「痴人の愛」や「鍵」の女主人公にもなれる。かように扮装の範囲のひろい容貌はざらにあるものではない。映画女優にしてああ云う顔を持っているのは、そのことだけで比類のない強みである。

（「朝日新聞」一九六一年一〇月五日付）

京マチ子の〈変身〉は、ここで取り上げた作品にとどまらない。とくに五〇年代後半からの出演作では、眉やアイライン、口紅などの微妙な化粧法と、表情や身体による感情表現とがあいまって、鮮やかな〈変身〉を見せる。『足にさわった女』（増村保造、一九六〇年）では、眉を中心とした化粧でヨーロッパの貴婦人のような顔つきへと変化し（図6-13）、『女の一生』（増村保造、一九六二年）では、一六歳から五八歳までを熱演する。晩年の怪談映画『妖婆』（今井正、一九七六年）では、二十歳の新妻から、精霊に生気を吸い取られた九〇歳の老婆にまで化身してみせた。京マチ子はキャリアの最後まで、映画における〈変身〉を引き受け続けたのである。

第七章

闘う女——看板女優の共演／競演

1　『夜の蝶』の嫉妬と虚栄

『いとはん物語』で新たなステージへと進んだ京マチ子は、同じ年に『夜の蝶』（吉村公三郎、一九五七年）に出演する。『踊子』から『夜の蝶』へ。同年に公開されたこの二作品には、京マチ子の決定的な変化が刻印されている。「浅草」の踊子から、「銀座」のマダムへの変化である。

これ以降の京マチ子には、「浅草的なもの」よりも「銀座的なもの」の方が似つかわしくなっていく。五〇年代後半の京マチ子は、勝気な性格の金持ちの令嬢、高慢でプライドの高い女、心を堅く閉ざした女を演じることが多い。庶民的で雑然とした欲望が渦巻く「浅草」のアプレ娘よりも、モダンで洗練され、優雅なイメージのある「銀座」が似合うマダムへと徐々に変わっていくのである。

肉体派路線のときは、勝気な性格であっても、舞台となるのは浅草の下町などであったし、役柄としても芸者や踊り子などで、社会階層も決して高いものではなかった。心を固く閉ざすような役柄は多くはなかった。だが、五〇年代後半あたりから、どこか影があったり、トラウマを負った過去があったりする役が増える。それ以前であれば、どこか暗い過去があっても、それを打ち破るか、気にする素振りをまったく見せず、過去にとらわれていなかったのに対して、五〇年代半ば以降になると、過去に縛られる役が増えてくるのである。

円熟期を迎えた後期の京マチ子の特徴は、「闘う女」である。芸道物にせよ、芸者物にせよ、嫉妬や怨恨の情、欲望をむき出しにし、虚栄心に満ちた、上昇志向の強い女性を演じていく。本章では、そうした「闘う女としての京マチ子」を、後期の代表作から見ていきたい。

五〇年代後半から六〇年代初頭にかけて、大映の看板女優であることはそのまま日本一の人気を誇る女優を意味した。この時期、ファン雑誌の人気投票では京マチ子の人気は衰えを見せはじめ、代わりにトップの座に君臨したのは、同じ大映の看板女優の若尾文子と山本富士子である。当時、「一〇〇万部雑誌」といわれていた大衆娯楽雑誌『平凡』の人気投票では、五五年から五八年にかけては若尾文子が、五九年と六〇年では山本富士子が一位を獲得した。[1]『夜の蝶』の公開時には、「素材のおもしろさもさることながら、その物語を地で行くような女優としてのナンバー・ワン争いが大きな話題となった」（「読売新聞」一九五七年七月一六日付夕刊）と報じられている。現実のスターダムにおける世代交代の構図をそのまま映画にしたような「二大女優」の共演／競演作品が、この時期、立て続けに製作された。そこにおいて京マチ子は、本能も嫉妬もむき出しにしながら、後輩にあたる若尾文子や山本富士子と「女たちの闘争」を繰り広げたのである。

1——詳しくは北村匡平『スター女優の文化社会学——戦後日本が欲望した聖女と魔女』作品社、二〇一七年、四六頁を参照。

『夜の蝶』では冒頭、盛り場のナンバーワン、ネオン煌めく夜の銀座が映し出される。マリ（京マチ子）は銀座の一流バー「フランソワ」のマダム、派手好きの明るい性格で、客あしらいが抜群にうまい。ある夜、京都でのバーの経営に成功した祇園の元芸者・おきく（山本富士子）が店を開くために銀座に乗り込んでくる。おきくは、銀座で女給の世話をしている秀二（船越英二）のもとへやってきて、金を積み、女給の斡旋を依頼する。秀二とマリの付き合いは古く、マリには内緒にするという条件で斡旋を引き受ける。

マリとおきくの闘いは、銀座で話題となる。おきくのバーは開店すると大盛況で、マリが密かに想いを寄せる、関西を拠点にした堂島デパートの社長である白沢（山村聰）も、築地に行くとマリに嘘をついて、おきくの新しい店へ行ってしまう。マリが開店祝いの挨拶におきくの店に行くと、楽しそうな白沢の姿が目に入る。同じテーブルを、フランソワの常連客と白沢、おきくとマリが囲む。皮肉交じりの称賛を送り合い、火花が飛び散るような二人の雰囲気に場の空気は一変。このシーンでの、京マチ子と山本富士子のクローズアップで交わされる目のバトルがスリリングで凄まじい。京マチ子の三白眼から繰り出される鋭いまなざしは、怒りや嫉妬を台詞以上に饒舌に表現している。

実はこの二人にはある因縁があった。かつてレヴューの踊り子をしていた大阪生まれのマリは、踊り子をやめてキャバレーやバーを転々とした後に結婚する。ある日、夫が女を囲っていたことが発覚、不倫相手のいる京都へ乗り込んだところ、それがおきくだったのである。

二人のマダムの闘いは、デパートの東京進出を企てる白沢をめぐって過熱する。実は白沢はおきくが芸妓だった頃からの客で、おきくが開店するバーの資金を用意してやったパトロンであり、おきくとの結婚を望んでいたのだ。白沢は関西のデパートの東京進出のために、百貨店連盟理事で腹心の木崎（小沢栄太郎）を参謀に取り立てていたが、マリは木崎が裏でデパート進出の妨害を企てていることを知る。彼女がそのことを白沢に教えた直後、フランソワで偶然、木崎と白沢が出くわす。新宿のターミナル・デパートに決まったのは、白沢の競合相手である東京の丸菱デパートで、白沢を裏切ってその協力をした木崎は、丸菱新宿支店長を約束されていた。白沢は紳士的な対応をして、木崎の将来の出世を祝おうと乾杯する。

その瞬間、マリがカクテルを木崎にぶちまけて、皮肉な笑い声とともにグラスを投げつけ、叩き割る。この京マチ子の演技、抑えられない怒りが噴出するその迫真力には圧倒される。それまでも、おきくへの煮えくりかえるような嫉妬心を目と表情で絶妙に演じていたが、ここでその感情が一気に怒りへと変わる刹那の演技は凄まじい迫力である。初期の京マチ子であれば、相手に摑みかかっていくところだろう。この直後、白沢の車に乗ったマリは、おきくの香水の匂いのする手袋を車中で見つける。そして彼女は、嫉妬心からおきくの店に行き、白沢と赤坂に食事に出かけることを告げる。

一方おきくは、学費を貢いできた原田（芥川比呂志）との結婚を長年、望んできたが、その夜、同じ研究室に所属する同僚の浅井という女性と結ばれていることを打ち明けられる。悲嘆にくれるおきくはバーで酒を飲んで酔っ払う。そのおきくのもとに、料亭で白沢と一緒にいるマリから、今夜、白沢を借りるからと電話がかかってくる。かつて夫を横取りされたマリの仕返しである。再び敵意むき出しのバトルがはじまる。復讐を果たしたマリは、幸せそうに白沢を乗せた車を走らせる。目的地は白沢の別荘、二人で泊まるつもりだ。そのことを知ったおきくは、酔ったまま車を走らせ、彼らを追いかける。恋人を失ったばかりか、マリからは馬鹿にされ、怒り狂ったおきくは二人の車に激突、崖から転落してマリもおきくも死んでしまう。

吉村公三郎は、この時期、『夜の河』（一九五六年）や『夜の蝶』、そして翌年の『夜の素顔』（一九五八年）で、女の強さとたくましさ、悲哀と醜さを描いている。そこでは大映の看板女優が壮絶なバトルを繰り広げる。京マチ子は『夜の蝶』で山本富士子と、『夜の素顔』で若尾文子と、嫉妬や恨み、悲哀や怒りをむき出しにして、「闘う女」を演じた。

『夜の蝶』では、怒りや嫉妬に狂う京マチ子の表情が勝ち誇った顔へと変化し、容赦なく相手をやり込める山本富士子の人を見下したようなポーカーフェイスが、屈辱に満ちた憤怒の顔へと変化する。この女たちの演技バトルだけでも、観る者を引き込む力がある。演出をした吉村は次のように話している。

二人の演技の比較ねエ、まあテクニックは問題にならんね。断然京さんの方がうまい。特に全身の演技がすぐれている。これは京さんが昔舞台に全身をさらしてダンスをやっていた

おかげだと思う。（「読売新聞」一九五七年七月一六日付夕刊）

全身に神経が行き届いたパフォーマンスは、舞台やダンスの経験に加え、国際派映画における ロングショットの演技、すなわち顔よりも身体で感情を表現してきた経験も大きいだろう。『夜の蝶』の映画評では、「京、山本はともに役どころにはまってサッソウの好演、それぞれ体臭を感じさせる演技ぶりである」（「読売新聞」一九五七年八月二日付夕刊）と絶賛された。

〈浅草的なもの〉からの変化の例をもう一つあげておこう。『夜の蝶』のキャラクターとも通ずる、翌年に公開された『有楽町で逢いましょう』（島耕二、一九五八年）である。『踊子』で自由奔放なアプレ娘を演じたときの〈浅草的なもの〉と比べて、そのキャラクターも、属する社会階層もまったく異なっていることがわかるだろう。

京マチ子が演じるのは、パリ帰りの気鋭のファッション・デザイナー、仕事一本やりのキャリア・ウーマンである。気が強く高慢で、きつい性格の彼女は、弟役の川口浩が、短大生の野添ひとみと付き合っていることに反対して、「あんたにはわかんないのよ。あの娘は自分が欲しいと思ったら人のものまでもっていくようなアプレな無軌道娘なのよ！」と言い放つ。

これまで封建的な考え方をぶち壊して自由と解放を表現してきた京マチ子が、自由な恋愛に反対する保守的な女を演じるところに、新たな青春スターとの世代交代の胎動が感じられる。終盤、彼女は自由恋愛をする弟たちを「羨ましい」という。「いいたいこと、したいことを簡単に実行できるんですもの」。まさにこうしたイメージを、戦後の京マチ子は体現してきたはずである。その京マチ子が、『有楽町で逢いましょう』では「昔の人間みたいに古い」といわれる点から見ても、彼女が肉体派ヴァンプ路線とは決別していることがわかる。

2 『夜の素顔』の憤怒

一九五八年には八本もの映画に出演した京マチ子だが、そのなかで後期のイメージと強く関連する役柄を演じているのが、吉村公三郎の『夜の素顔』である。この映画は戦時中の一九四四年、南方の海軍航空基地からはじまる。軍の慰問のために京マチ子演じる朱実はステージで舞踊を披露している。裏方で楽曲の準備をする慰問係の若林中尉（根上淳）に、京マチ子はステージ上から何度か視線を注ぐ。惹かれ合う二人の間で交わされる視線。カメラはそこに焦点を定めていく。戦中を背景にしたスクリーンに、京マチ子の色気が充満する。ステージは突如として敵の空襲に遭い、逃げ惑ったあげく、二人は爆撃の最中にジャングルの奥で結ばれることになる。

やがて戦争は終わり、舞台は一九四七年の東京。パンパンガールたちが米兵相手に声をかける姿が映し出される。朱実は日本舞踊で一本立ちしたいという思いを胸に、小村流の家元・小村志乃（細川ちか子）に弟子入りさせてほしいと懇願する。時は流れて一九五三年、小村流の屋台骨を支える存在となった朱実は、自分の名を売るために、歌舞伎の中村十次郎と踊りたいという師匠の夢に付け込み、中村を色仕掛けで口説いて二人の発表会を実現させる。新聞で師匠は老醜をさらしたとまで酷評されるが、朱実はいままでにない踊りを披露したとして賞賛される。朱実の欲望は尽きることがなく、今度は師匠のパトロンを誘惑し、菊陰流を創設。その後、若林と再会して結婚、封建的な家元制度に反逆することを目指した朱実の未来は順風満帆に思えた。

ところが朱実の前に手ごわいライバルが現れる。朱実の内弟子の比佐子（若尾文子）である。彼女は忠実な弟子として師匠に仕えているが、実際には朱実の夫と肉体関係がある。それがバレるシークェンスは非常にスリリングだ。疑いをもちながらも、翌日の水戸での仕事のために、朱実は朝を待たず、その日の夜のうちに出かけることにする。だが、途中で運転手に家に戻るよう命じる。抑えきれない感情がしばしば露呈してしまう演技は実に巧い。家に着くと、裏口から入って廊下をゆっくりと部屋へ歩いていく。そのシーンは、まるでホラー映画のようである。浮気現場を目撃された比佐子は、死んで詫びようとするが、それが芝居だと見抜いた朱実は、彼女を部屋から引きずり出すと、馬乗りになって引っぱたく。迫力あるキャットファイトは京マチ子の十八番だ。それに対してこの映画で、小柄な若尾文子は、誰にも見られないところでいやらしくも小悪魔的な表情を浮かべる。絶妙な演技による闘いである。

この映画のもう一つの見どころは、浪花千栄子と京マチ子の壮絶な喧嘩だろう。かつて朱実は、貧民窟で浪花に拾われ、売春をさせられていた。そんな浪花が金の無心にやってくる。恨みをもっていた朱実は、威勢よく啖呵を切り、押し倒して、蹴り飛ばす。いやらしさを前面に押し出した浪花千栄子と迫力ある京マチ子の、関西弁での応酬は実に見応えがある。

映画の終盤で朱実は、自分が師匠を裏切ったのと同じように、一番弟子の比佐子に裏切られる。バレエと日本舞踊を組み合わせた新しい舞踊劇を実現させようと何とかお金を工面し、晴れて本番を迎えたとき、心臓を患っていた朱実は舞台上で倒れて、息をひきとってしまう。すると、嘘泣きをしていた比佐子は記者たちに向かって、正統な後継者は自分だと言い放つのである。

この作品は、権謀術策をめぐらせて舞踊界のスターダムにのし上がっていく、野心に満ちた女の一代記である。新藤兼人がオリジナル・シナリオを書いたが、この映画の成否は、欲望や嫉妬をむき出しにした表情を主人公が表現できるかどうかにかかっていた。本作の恐ろしさは、表と裏の顔を使い分ける際の、その表情の違いによってもたらされる。本人以外、誰もいなくなったとき、あるいは他人の視線が届かない場所での裏の表情こそが、この作品をスリリングなものにしている最大の要素なのである。

『夜の素顔』という題名にあるように、京マチ子と若尾文子は、欲望にかられ、計略をめぐらす「夜の素顔」と、取り澄ました「昼の顔」を、見事なまでに演じ分けている。この二人が繰り広げる「女の闘い」は、京マチ子が山本富士子との闘争を演じた『夜の蝶』に負けず劣らず抜群の見応えがある。プレスシートには次のような宣伝文が掲載された。


あの娘がこわい！　私が師匠を蹴落したのと同じ手段で、私に迫って来る！　しかも夫にまでも……巨匠吉村公三郎が描く、美貌と策謀に生きる女の世界！[2]

当時の作品評にも、「ボリュームのある京マチ子の演技はやはり日本の女優の中でえがたいものだ」[3]と書かれている。若尾文子と京マチ子が感情をむき出しにして繰り広げる、壮絶な女同士のバトル。「欲しかったらあんたにあげてよ、若林」と、男をモノのようにあつかう京マチ子は爽快この上ない。この作品が提示した「女の強さ」は、いま観てもまったく古臭さを感じさせないだろう。

3 『浮草』における激情

京マチ子が小津安二郎の映画にはじめて出演した『浮草』（一九五九年）は、小津がかつて作った『浮草物語』（一九三四年）の「セルフリメイク」である。物語は、ドサ回りをする旅役者の一座が志摩半島の小さな港町に巡業にやってきたところからはじまる。座長の駒十郎（中村鴈治郎）を筆頭に、その愛人のすみ子（京マチ子）、加代（若尾文子）などが座員である。実はこの巡業先は、

2――大映本社宣伝部発行『夜の素顔』プレスシート、一九五八年。
3――岡田誠三「日本映画批評　夜の素顔」、『キネマ旬報』一九五八年一一月下旬号、七六頁。

図7-1

『浮草』（小津安二郎，1960年，大映）

かつて駒十郎が子供を産ませたお芳（杉村春子）が暮らしている場所だった。駒十郎の息子である清（川口浩）は現在、郵便局に勤めている。息子に会いたい気持ちもあって、この地にやってきたのである。息子には堅気の人生を送らせてやりたいという思いから、駒十郎は清の伯父ということになっており、毎回コソコソと会いにいくのだった。

すみ子は、駒十郎が清と一緒に釣りに出かけたことをきっかけに、お芳との関係を知る。すみ子は嫉妬に駆られ、駒十郎がお芳の家で清と将棋を指しているところに乗り込んでいく。窓の外は——小津映画には珍しく——土砂降りの雨である。

「何しに来たんや」と駒十郎が怪訝な顔でいう。すみ子は奥に入っていって、お芳に突っかかる。息子の清が二階から降りてくる。「あんたのお父さん、どういう人？」と清に向かって詰問する。駒十郎が手を引っ張って外へ連れ出そうとする。「離せ！」と抵抗するも、力ではかなわない。

続くシーンは、大雨のなかで大喧嘩する『浮草』の名場面である（図7－1）。道を挟んで手前に中村鴈治郎、奥に京マチ子が立っている。屋根から雨水がしたたり落ち、激しい雨音が二人を包む。ロングショットで駒十郎が右から左へ、左から右へと移動する。びしょ濡れの顔や首を拭うすみ子。続いてバストショットになって、小津特有の正面からの切り返しショット、凄絶なバトルがはじまる。

駒十郎「このアホ！　バカタレ！　何がなんじゃい！　ええ加減さらせ！」
すみ子「何がなんや！」
駒十郎「おのれなんぞ、出しゃばる幕かい！　引っ込んどれ！」

再びロングショット、駒十郎が右から左、左から右へと移動するのに合わせて、怒りを抑えきれない様子ですみ子も同じように動く。再度、バストショットに切り替わる。

駒十郎「おのれ、あの親子になんの言い分があんのや。わいがな、せがれに会いにいって何が悪い。わが子に会うのが何が悪いんじゃい！　文句あるか、文句！　あったらゆうてみい！　アホ！」
すみ子「フン！　偉そうに。いうことだけは立派やな！」

駒十郎「何ッ？　このアマ！」
すみ子「ようもそんな口が聞けるな！　そんなことうちにいえた義理か！」
駒十郎「なんやと！」
すみ子「忘れたんか岡谷のこと。誰のおかげで助かった思うとんのや！　豊川のときかてそうやないか！　ご難のたんびに頼む頼むって、うちにその頭下げおって！」
駒十郎「何ッ？」

道を挟んで罵り合う二人。「お前との縁も今日きりじゃい……わいの息子はな、お前らとはな、人種が違うんじゃい人種が！」と血走った眼で怒鳴り散らす駒十郎。女も一歩も引かない。相手を睨みつけて怒りをあらわにする京マチ子の激しさが、この上なく美しく色っぽく見える。

小津映画を観てきた者ならすぐにわかるが、このシークェンス、実は小津らしくない。むろん、二人の罵り合いを正面からバストショットで切り返すところは小津調にほかならない。だが、引きのロングショットが何度かそこに挿入され、軒先を行ったり来たりする二人のアクションも映し出される。小津映画にはめずらしい豪雨と、引きの絵を面白いと思って提案したのはカメラマンの宮川一夫である。[4]

はじめは画面手前で怒りを抑え切れない中村鴈治郎が行ったり来たりする。画面奥には雨に濡れた体を拭く京マチ子。二人は睨み合う。口論するバストショットの後、再び引きになるが、今度は鴈治郎の左右の動きにシンクロして、怒った京マチ子も行ったり来たり。再びバストショット、続く引きのカットで、怒鳴りながら歩くのは、言い合いで優勢になった京マチ子、鴈治郎はその場に立ち尽くす。その後、二人は再びシンクロして左右の動きを繰り返し、最後は鴈治郎。この引きのショットがなかったら、憤怒する中村鴈治郎と京マチ子——上品な小津映画にあってこの二人の喧嘩ほど汚い言葉を使った激しい罵り合いはない——の切り返しによって、観客は終始圧倒されっぱなしだっただろう。

初期の京マチ子であれば、相手に摑みかかってもみ合いの喧嘩をはじめていたに違いない。この二人の勢いを削ぐ役割を果たしているのが、これ以上はないというほどの豪雨である。土砂降りの雨に遮られて左右に動くしかない二人。そこに滑稽味が感じられるのは、宮川の引きの画によるところが大きい。長年連れ添った二人のこの動作は、すれ違いと反復のアクションから構成されているが、そこからも、二人の関係性とその歴史が感受されるのだ。

京マチ子の演技と宮川一夫のカメラは、間違いなく小津の格調高い様式美に亀裂をもたらして

4——宮川一夫は、激しい雨が降る場面を撮ったことを申し訳なく思っていたという。小津映画には激しい雨のシーンがないことを後に知ったが、「激しい雨にさえぎられて、鴈治郎と京マチ子さんが近寄ることができず、道をはさんで怒鳴り合っていることを表現したかった」と記している。宮川一夫『キャメラマン一代——私の映画人生60年』PHP研究所、一九八五年、一〇一—一〇二頁。引きのふたりのワンカットを提案したことに関しては、渡辺浩『映像を彫る——撮影監督 宮川一夫の世界』［改訂版］パンドラ、一九九七年、一六三頁。

いる。松竹の小津組では、厚田雄春（ゆうはる）がカメラマンとして不動の地位を占めてきた。定点から動かないローポジションで同じ構図を反復する小津の画面は有名だが、厚田と違って宮川はカメラの位置をわずかにずらしたり、アングルを変えたりした。宮川の要望で俯瞰ショットも撮った（小津は俯瞰ショットを好まなかったといわれている）。もちろん小津美学のもとでは、カメラが移動することはほとんどない。だが、駒十郎とすみ子が激しく口論するこの場面では、引きと寄りのモンタージュ（異なるショットを編集で組み合わせて一つのシーンを作る映画技法）と、画面を包み込むような豪雨によって、それまでの小津映画になかった躍動感が生まれたのは確かである。

都会でモダンな生活を送る上品な人びとを描いてきた小津の一連の作品にあって、めずらしく『浮草』は、地方を巡業する粗野で無骨な人びとを描いている。カメラを睨み返した京マチ子の迫力あるパフォーマンスは、それまでの小津映画にはなかったテンションを投影して強烈な印象を残す。土砂降りの雨のなかで喧嘩を繰り広げるあの名場面は、小津がはじめて京マチ子や宮川一夫と仕事をしたからこそ生まれたものだろう。

その後、すみ子は駒十郎に復讐を企てる。楽屋で加代に金を渡して、清を誘惑するようにそそのかすのだ。加代は小悪魔的な美貌で清を魅惑する。職場を訪ねて、夜になったら会いたいと誘い出す。会いにきた清に突然、加代はキスをする。小津映画では男女の接吻もめずらしい。やがて、騙すつもりで近づいたはずの加代は、清と本当の恋仲になってゆく。

加代と自分の息子が会って仲良くしている姿を偶然目にした駒十郎は、楽屋口で彼女の帰りを待って引っぱたく。すみ子に頼まれて誘惑したことを加代が白状すると、怒り狂った駒十郎はすみ子を呼び出して、いきなり殴りつける。すみ子は何度も痛めつけられ、再び罵り合いがはじまる。女がいることを隠していたんだから五分五分だと彼女は言い返す。芝居のこともあるし、もうやめにしようとすみ子は提案するが、男は受け入れることができない。怒りが収まらない駒十郎は、二階の楽屋に戻ると今度は加代の背中を蹴り飛ばす。

この一座の興行は振るわない。客の入りが芳しくないなか、座員の一人が親方のガマ口を盗んで姿をくらましてしまう。進退窮まった駒十郎は、衣装や小道具を古道具屋に売り払い、一座はここで解散。結局、加代は清と一緒になることを望んで駆け落ちをする。息子の帰りを信じるお芳は、ここで三人で暮らそうと駒十郎にいう。駒十郎もその気になる。そこへ加代を連れた清が帰ってくる。駒十郎は加代を引っぱたき、それを止めようとした清のことも殴る。カッとなった清は駒十郎を突き飛ばす。それを見たお芳は、ついに本当のことを打ち明ける。今頃になって、そんな勝手な親ってあるか、と清は責める。「俺はこんな親いらんのや」といわれて、息子のいうこともっともだと思った駒十郎は、旅役者として一から出直すことを決意。一緒に連れていってくれと泣きすがる加代を、お芳と清の家に預けて出ていく。そしてラストシーン――。

駒十郎は駅の待合室のベンチに腰を降ろす。片隅にはすみ子が座っている。タバコを吸おうとするがマッチが見つからない。近寄ってきてすみ子がマッチの火を差し出す。意固地な駒十郎は仏頂面のまま、彼女を無視してマッチを探し続ける。すみ子が差し出した火は消えてしまう。二本目のマッチに火をつけて、なかば強引にタバコの先に火をもっていくすみ子。駒十郎は嫌々ながらそれを受け入れる。この無言のやり取りが秀逸である。「親方どこ行くの？」これまでにない穏やかな口調ですみ子が尋ねる。何も答えない駒十郎。ちょっと貸してといって彼のタバコを取ると、自分のタバコの先端に火を移す。それをチラッと横目で見やる駒十郎。次第に心が打ち解けてくる。

桑名の旦那に泣きついてみようかと思っていると駒十郎がいう。「うちも一緒に行こかしら」「もうひと旗上げてみようか」「うん、やりましょ。やろやろ」「やってみるか」「大丈夫や。やろやろ、やりましょ」そんな言葉が交わされる。きっとこんなやり取りがこれまでに何度もあったのだろう、そう思わせる名場面だ。二人の関係性を、身振りや間によって表現する、小津の繊細な演出が冴えわたる。

このラストシーンにおける京マチ子は、これまでどの映画でも見せなかった愛らしさと美しい大人の魅力を同居させている。嬉しそうに駆けていって切符を二枚買うと、「おい、お前、あっこの荷物忘れたらあかんで」といわれ、タバコを片手に振り返って嬉しそうに頷く。夜行列車のなかで並んで座る二人。中村鴈治郎が、これしかないという仕方で酒をうまそうに啜(すす)る。お酌をする京マチ子は、彼のそんな様子を見て、心から幸せそうに微笑んでいる。最後に見せる、髪をかきあげる仕草の色っぽさは、それまでに出演したどの肉体派映画も及ばない硬質なエロティシズムを、スクリーンいっぱいに滲ませている。

4 『女の勲章』の死闘

吉村公三郎が演出した『女の勲章』（一九六一年）は山崎豊子の小説を映画化したもので、ファッション業界を舞台に、虚栄心と野心に満ちた女たちを描いた物語である。山崎豊子は、政財界の権力闘争や親族間の遺産争いなど、共同体における人間関係の内幕とそこでの確執を描いて一世を風靡した作家である。小説に目をつけた大映の企画者が吉村に映画化を勧めて、彼が新藤兼人に脚色を依頼した。京マチ子や若尾文子をはじめとする豪華スターの共演で、大映は「女性文芸大作」として売り出した。

神々しい美しさと気品ある雰囲気をまとった京マチ子が演じるのは、服飾学院の院長にしてファッション・デザイナーの大庭式子である。神戸の魚崎で小ぢんまりとした洋裁教室を開いていた彼女が、内弟子である女性デザイナー――倫子（若尾文子）、かつ美（叶順子）、富枝（中村玉緒）を引き連れて大阪進出を企てるところから物語ははじまる。

頼りになる相談相手として式子に近づいてきたのは、布地問屋の息子である八代銀四郎（田宮二郎）。彼の活躍によって、式子を院長に戴く聖和服飾学院が甲子園の地に開校する。一流大学出身で事業欲に燃える野心家の銀四郎は、洋裁学校のマネージャーとして居座って学校経営を先導していく。

内弟子のなかでもっとも野心的なのは倫子である。三和繊維の野本と関係をもち、学院に三和の生地を提供させて優位に立とうとしていた。式子に恩を着せて自分を有利な立場に置こうとする彼女の策略は、すぐに銀四郎に見破られ、むしろ彼の地位を引き上げる結果に終わる。友人の記者に間に入ってもらい、三和との契約を自ら勝ち取った銀四郎は、「これから学校内のことは女同士で勝手に決めたらあきまへんで」と言い放つ。関西デザイナー協会のファッション・ショーも、銀四郎の計らいが奏功し、学院は一躍脚光を浴びる。

学院の拡大を目論む銀四郎は、夏の六甲で式子と関係をもつ。それだけではない。自分の目的を達成するために、彼は、分校の院長ポストなどの提供をちらつかせながら、倫子、かつ美、富枝とも関係を結んでいった。チェーン・スクールも順調にできて、式子の名声も高まっていく。銀四郎のさらなる事業欲から、モードの神様といわれるフランスのランベールの型紙を購入するために渡仏することになるが、その前日、式子は銀四郎が三人の弟子と関係を結んでいることを偶然知る。銀四郎に向かって、自分の体は彼にとってたったの四分の一でしかなく、弟子と同じあつかいなのは我慢がならないと激しく怒る。だが銀四郎は、自分との肉体関係と事業を清算したら慰謝料を請求するといって取り合わない。打算なしに付き合ってきた彼女は、むせび泣くことしかできない。

フランスに行った式子は、大学教授で学院の理事も務める白石（森雅之）とそこで遭遇し、商談上のトラブルを解決してもらう。深く傷ついた過去をもつ二人は、痛みを分かち合い、異国の地で結ばれる。帰国後、式子と白石は、結婚の話を銀四郎に持ち出し、これまでのことを清算してくれと頼みにいく。まったく聞き入れない彼に対して、本校も分校も譲渡すると申し出る式子だが、担保付きの建物をもらっても仕方がないと拒絶。そのやり取りを聞いた白石は、彼女と暮らしていく自信を失い、一方的に別れを告げる。予想外のことに泣き崩れる式子。絶望の淵に突き落とされた彼女は狂ったように裁ちばさみでマネキンを突き刺し、自分の喉をも刺して自殺してしまう。

吉村公三郎は映画化に際して登場人物たちをできるだけ個性的に描こうとしたと語っている[5]。その構想通り、平気で人を裏切る上昇志向の強い若尾文子、おとなしそうに見えて一番しっかり者でしたたかな中村玉緒、メガネが似合うインテリ風の叶順子、強欲で合理主義者の田宮二郎と、それぞれキャラクターが際立っている。表と裏の顔を使い分ける女性デザイナー三人と、物語を牽引していく近代的な合理主義者の銀四郎には、一貫したキャラクターが与えられているのだ。

それとは対照的なのが京マチ子だ。学院が拡大するにつれて、自らの虚栄心や名声に翻弄されながら、印象を微妙に変化させていく。この映画でただ一人、時の経過とともにその存在のありようが変わっていく難しい役柄なのだ。森雅之と食事をした後、こんなことをいわれる。「あなたはどんどん変わっていきますね」。京マチ子が「どういう風に」と尋ねると、はじめて会った

5——大映本社宣伝部発行『女の勲章』プレスシート、一九六一年。

ときは「名門のお嬢さんがつつましく幸運に乗って華やかに祝福されているという印象」、次に会ったときは「一流のデザイナーになられたポーズ」を上手に身につけていた、今度はそれとも違って「堂々たる一人の実業家」だと、その印象の変化を伝える。あまり言及されることがないが、こうした機微を見事に演じ分けていることからも、京マチ子が映画女優として円熟期を迎えていたことがわかるだろう。

改めて繰り返しておくならば、後期の京マチ子が演じた役柄で典型的なのは、『女の勲章』で銀四郎に「気位が高く、家柄がよくて聡明で財力がある女」といわれた式子のように、地位や名声を得て、優雅な雰囲気を漂わせた金持ちのイメージが主流になる。プライドが高く自信にあふれ、利己的な性格のマダムや貴婦人、あるいはキャリア・ウーマンを多く演じ、高慢な顔、不機嫌な顔、苛立つ顔が似合う映画女優になっていったのだ。

5　『女系家族』における情念

三隅研次といえば『座頭市物語』（一九六二年）や「剣」三部作など、魅力ある男性アクション映画を多く撮った監督と思われているが、他方で『女系家族（にょけい）』（一九六三年）や『雪の喪章』（一九六七年）、『なみだ川』（一九六七年）など、女性の内面を深くとらえた女性映画も撮っている。山崎豊子原作の『女系家族』は、大阪船場の繊維問屋で祖母、母、娘と三代続く女系家族の当主が急死したために、遺産相続をめぐって醜い争いが繰り広げられる世界を巧みに描いた映画だ。とくに激情型の京マチ子と、したたかな若尾文子の熾烈な闘いはスリリングである。

格式高い老舗問屋・矢島商店にとって、男は商売のための働き蜂にすぎず、家内は女が支配してきた。数年前に妻に先立たれた当主は、自らの死に際して、莫大な遺産の相続については大番頭の宇市（中村鴈治郎）から話を聞くようにと言い残し、三人の娘たちを残して息を引き取る。出戻りだが自分が総領娘だと主張する長女の藤代（京マチ子）、暖簾を継ぐつもりで養子を迎えていた次女の千寿（鳳八千代）、高校卒業後、花嫁修業に余念のない末娘の雛子（高田美和）。ほどなくして矢島家の遺産分配に関する親族会議が開かれた。

遺言状を読み上げる大番頭の言葉によって、暖簾を継ぐのが次女夫婦だとわかり、藤代は露骨に不満を表明、土地や株、骨董品などの相続財産がきちんと三等分されているかわからないという姉の主張に妹たちも同意し、家族会議の日を改めようとなったところで、もう一通の遺言状があることが告げられる。七年前から文乃（若尾文子）という陰の女がいて、彼女にも遺産の分け前をと記されてあった。話はまとまらず、後日、改めて開かれる会議に文乃を出席させて話を聞くことになる。その間に藤代は自分が分配される貸家の価値を鑑定したり、千寿は夫と店を株式組織にする計画を練ったり、雛子は後ろ楯になった叔母の芳子（浪花千栄子）に骨董品の鑑定を任せたりと、それぞれが陰で動き出す。

そんななか二回目の親族会議が開かれ、文乃が挨拶にやってくる。そのとき、死んだ当主の子供を宿していることがわかり、激怒した叔母と娘たちは激しく罵って堕胎するよう強く迫る。その後、文乃が妊娠腎を患いながらも産むと言い張っていることがわかると、藤代たちは婦人科医を連れて彼女の家へ乗り込み、無理やり診察を受けさせる。だが、死産する公算が大きいことがわかると安心して姉妹の取り分争いへと戻っていく。

ところが、大番頭の宇市の奔走でようやく円満な解決にこぎつけようとした矢先のこと、最後の親族会議が開かれると、文乃が男の赤ん坊を抱いて突然訪ねてきた。遺産などもらおうとは思ってないといって欲をまったく見せなかった文乃だが、ないと思われていた認知状と捺印した出生届け、遺言状が実はあると打ち明ける。遺言状には、これまで宇市が商品の横流しなどの悪事を働いてきたこと、文乃が産んだ子供の相続分や、その子が男子なら矢島家五代目の跡取りとなることが記されていた。勝ち誇った顔で文乃は矢島の家を後にするのだった。

欲望をむき出しにして醜い争いを続ける者たちへの死者からの報復が待っていたという痛快な終わり方である。宣伝文案は「女の心にうず巻く嫉妬と欲望！　男の思いも及ばぬ残酷さを描く文芸大作！」[6]。実際、この作品を観る者は、女たちの秘めた欲望があらわになる瞬間を幾度も目にすることになるだろう。

『女系家族』は、三隅研次がカメラマンの宮川一夫とはじめてタッグを組んだ作品である。緊迫した空気が絶妙な編集のテンポで演出されていく。シャープにつながっていくショット、スピーディな語りの展開、そしてこだわりぬいた画面設計が目を引く。そこに宮川のカメラワークが組み合わされる。娘三人と叔母が寸分の狂いもなくピタッとそろって鎮座するショット、若尾文子に受診を無理強いして、その様子をうかがっているときの長女と次女、叔母の顔をとらえた強烈なクロースアップ、若尾文子の羽織を仏壇の前ではぎ取る浪花千栄子の鬼気迫るショットなど、観終えた後も、しばらく脳裡から離れない。宮川の流麗なカメラワーク、真上から車や家並をとらえた俯瞰ショットも要所要所で挿入され、シーンにリズムを生み出す。

物語の途中まで文乃は、当主に一途に尽くした健気で哀れな女性として造形されている。だが、文乃の家に叔母と三人の娘が乗り込み、次女が呼んだ医者に強引に受診させられた後で文乃が見せるしたたかな笑みは、観る者をゾッとさせる。その悪女の微笑みは最後のシーンで巧みに反復され、絶大な効果をあげている。それとともに、彼女を最大限に活かしているのは、対照的に配置されている京マチ子の存在である。

たとえば京マチ子は、家柄がよくて裕福な女性を演じた『女の勲章』のときと同じように、気品のある美しい女性になることもできた。だが、彼女が造形したのは、欲望の塊のような人間臭い人物だった。驚くべきことに、スクリーンに現れただけで、傲慢で強欲な性格がその顔に滲み出てくる。その圧倒的な存在感。それが、もう一人の美の権化である魔性の女・若尾文子を引き立てているのだ。当時の批評においても、次のように称賛されている。

6――大映本社宣伝部発行『女系家族』プレスシート、一九六三年。

京マチ子がひさびさにいい。鴈治郎、浪花、北林と言ったすごい曲者や、若尾文子のむしろ演じやすい悪女表現に対して、女の執念がにじみ出る。[7]

ところでこの作品では、京マチ子の顔が醸し出すふてぶてしさが常にもまして凄まじく、登場した瞬間から性悪女にしか見えない。なぜこれほどまでに彼女は映画ごとに違って見えるのか。もちろん京マチ子は京マチ子でしかない。おそらく多くの人はそのようにして片付けてしまうだろう。だが、よく画面を見ると「顔」そのものがぜんぜん違っているのである。

『いとはん物語』の醜女役や、『穴』などでの「七変化」で別人に成り代わってみせる京マチ子のことをいっているのではない。むしろ、『女系家族』や『女の勲章』など、多くの後期作品で、京マチ子の「顔」はそれぞれが絶妙な感覚で違っている。それを可能にしているのは演技力だけではない。静止しているときの「顔」そのものがすでに違っているのだ。この要因の一つは、化粧の仕方――とくに京マチ子の場合は眉毛――にある。作品によって、眉毛を濃くしたり、細く整えたり、そうかと思えば眉と眉の間を離してみたりと、微妙にかたちを変えている（もちろんアイメイクや口紅のラインも調整して変化をつけている）。いうまでもなく、誰でもメーキャップで変化をつけることはできる。では何が京マチ子の変化を決定的なものにしているのか。

その秘密は、「能面」のような顔にあると思われる。『雨月物語』での亡霊の役が京マチ子でなければならなかった理由はまさにここにある。丸顔で、ともすればおかめ顔、平均的な鼻、メイクで自在に変化させられる目と唇。彼女はそのような「顔」の細部を丁寧に造形することで、自らのパフォーマンスとの相乗効果を生み出してきたのである。

このことは『いとはん物語』できわめられた〈変身〉という主題とも密接にかかわっている。彼女自身、『いとはん物語』でのメーキャップについて、次のようなエピソードを語っている。

> 結局、前歯にさし歯をして出っ歯の口もとにし、眉の形や何か工夫することで落着いたのですが、それ位のことでも、人の顔というものは随分変って見えるようです。撮影所のなかでよく顔を合わす方でも、一見しただけではわからないらしいのです。或る日、扮装してステージへ行く途中見明凡太朗さんとすれちがいましたが、そのあとで見明さんが浦辺粂子さんをつかまえて、
> 「いまそこで初めての女優に出合ったよ。ひどく醜(みっ)ともないくせにえらく威張って歩いてたよ。いったい何て女優だい?」とおっしゃったので、「京さんですよ」と大笑いになったそうです。
> さてお仕事がすんで自分の顔にかえり、つくづくと自分の素顔というものを眺めて見ます

7——水野和夫「作品評　女系家族」、『映画評論』一九六三年六月号、一〇〇頁。

と、「おかめ」さんは自分の顔のなかにちゃんと坐(すわ)つているじゃありませんか。何のために苦労したのかと一人でおかしくなってしまいました。[8]

「京マチ子はドーランを落すと、平凡な人に還元する。ややエロティックでもある目まで、温和な目になつてしまう」[9]と、メーキャップ前と後の違いを指摘する記事もある。このような〈変身〉を可能にする生まれながらの武器を最大限に活かして、彼女は役柄に入り込み、登場人物を演じ分けていったのである。

京マチ子は、『夜の蝶』あたりから、嫉妬に取り憑かれ、虚栄心をむき出しにし、欲望のままに生きる中年女性を演じるようになった。「女の情念」を演じさせたら天下一品の大女優へと転進していったのである。大映映画のなかでは、現実のスターダムと同じように、看板女優たち——京マチ子、若尾文子、山本富士子ら——が、「女の闘争」を繰り広げていたのだ。

8——京マチ子「私の素顔／心の顔も一つではないのかも知れません」、『映画ファン』一九五七年三月号、一四六頁。
9——「スタアの魅力採点」、『近代映画』一九五三年一二月号、一〇〇頁。

終章　千変万化する映画女優

1　京マチ子の映画史――初期・中期・後期・晩期

ここまで、黄金時代を駆け抜けた京マチ子の映画史を辿ってきた。出演した映画作品は一〇〇本に上る。本書では、時代順に映画を観ていくよりも、複数の主題から彼女の複数の「顔」をとらえようと試みた。ここで初期から晩期までの京マチ子の映画史をまとめてみよう。

【初期】肉体派ヴァンプ女優（一九四九～五一年）：『最後に笑う男』から『牝犬』まで

「映画でのデビューは、大映の『最後に笑う男』（24年安田公義監督）ですが、忘れられないのは、翌二十五年に製作された黒沢明監督の『羅生門』です」（「読売新聞」一九八一年一一月八日付）と答えた彼女にならって映画デビューを戦後とするなら、肉体派女優として売り出されて日本中を席巻した彼女の初期のイメージは、『羅生門』がヴェネツィア国際映画祭のグランプリを受賞し、それが報じられるまでと考えたい。

一九四五年、日本が敗戦を迎えたとき、国土は荒廃し、経済も混乱していた。こうしたなかで映画スターは、それぞれの仕方で「戦後」を引き受け、到来する新しい時代のイメージを表現していった。

俗世間から超然とし、厳粛さすら漂わせる美しい顔、理知的なイメージをまとった教師役などを演じ、戦後民主主義における理想的な女性像を体現した原節子。映画では屈託のない笑顔と、そこから生まれる明朗闊達なイメージで人びとを魅了し、映画以外のメディアでは機知に富む会話と、しっかりした自己主張で近代的な女性像を提示、戦後の解放感と明るさを体現した高峰秀子。筑前琵琶の宗家・高峰筑風の娘で、舞踊や長唄、声楽、茶の湯などの芸事にたけ、原節子のように気品がある知的なイメージで歌手としても高い人気を誇った高峰三枝子。戦前から続く清純派女優の系譜にありながら、間違ったことには毅然と物申すという戦後の理想像をも取り込んだ津島恵子。伸びやかな肢体とスピード感のある発話、軽快なパフォーマンスでアプレ娘を演じて、鮮烈なイメージをスクリーンに印象づけた淡島千景。

京マチ子は、こうしたスター女優のなかでも唯一無二のペルソナを作り上げた。スクリーンを所狭しと動き回って、豊満な肉体で男を誘惑し、金を巻き上げ、相手構わず喧嘩をふっかけた。ふてぶてしい表情と誰よりもかっこよく吸うタバコ、むっちりとした「脚」を武器にして、さらけ出された肉体は、戦前から戦中にかけて日本人をがんじがらめにした精神主義の切離を象徴していた。男を糾弾し、三白眼で睨みつけ、封建的な思考を嘲笑(あざわら)った。男をとことん堕落させ、完膚なきまでに破滅させた。

映画批判家の飯田心美は、このような初期の京マチ子の特徴を「口火を切ったダイナマイトの感じ」と表現し、「爆破寸前の息づまる光景、人々は片唾(ママ)をのんで凝視し引ずられる」と評している。[1]

初期の京マチ子の演技には、フレームをはみ出すような「ヴォリューム」で観る者を刺激し続け、スクリーンへと引きずりこむような新しいイメージと肉体の強度があった。リアルタイムで京マチ子の登場を目撃した一人の観客――一八歳で『痴人の愛』を観て、後に演劇評論家になった津田類(るい)――は、当時の衝撃を次のように記している。

男の傍らに寄り添って生きる静かで弱々しいヒロインばかりを見てきた当時の観客にとって、思う存分自分の肉体をさらして自己主張を押し通し、男をキリキリ舞いさせるナオミは、まさしく戦後のこれからを象徴させる女性だった。〔……〕肉体派女優といういい方はいつ頃、だれからはじまったか知らないが、この響きは戦後の自由と解放の象徴であるとともに、逆にいくぶんのうしろめたさももっていた。[2]

抑圧からの解放と自由を体現する新たな時代の女性像。それは政治体制の転換を象徴していた。京マチ子の豊満な肉体が醸し出すエロティシズムは戦後の観客を打ちのめした。だが、彼女は過去の規範を根本からぶち壊したアプレではなかった。とくに戦後の文壇を占有していた戦前派の知識人たちにとって、アメリカ文化の流入は日本文化を完全に破壊しかねないほどの脅威だった。

新しい時代の到来を求めた若者と違って彼らは、敗戦のトラウマを喚起させる過去と決別したいという思いと、過去のジェンダー・セクシュアリティ規範＝戦前の国体を護りたいという願い、すなわち過去からの切断／保持という相反する「二重の意識」のなかにあった。京マチ子は、この矛盾を昇華してくれる媒体として機能していたように思われる。

　スクリーンでは徹底的に過去を破壊し、敗戦のトラウマを呼び起こすような役を演じてもそれに屈することなく前を向いて生きる解放的なイメージを銀幕いっぱいに差し出してみせる。他方で、映画以外のメディアでは、自分は「アヴァン」であるといい、男を知らない貞淑な女、浮いた噂もスキャンダルも皆無、結婚することもなく、ひたすら芸に生きる日本女性というパーソナリティを築き上げた。その純潔なイメージによって、戦前派の男性批評家は容易に手なずけられていたといっていい。現実の世界で、彼女は日本の国体を護ってみせたからだ。

　エロ・グロ文化のなかで肌をさらけ出したこのバタ臭い肉体派女優は、パンパンやアプレなどの露悪的なイメージと戯れた。敗戦によってもたらされた、そのような戦後女性のイメージは、アメリカによる「占領」を想起させる。だが、その「占領」を、映画以外の雑誌などのメディア――「真実の姿」を映し出す媒体で「解除」してみせたのである。この時期を代表する作品をあげるなら、出世作の『痴人の愛』のほか、女優として評価された『羅生門』と『偽れる盛装』である。また肉体派ヴァンプ女優を象徴する娯楽映画として『浅草の肌』と『牝犬』もあげておき

1――飯田心美「京マチ子の魅力」、大映株式会社編『大映十年史』一九五一年（頁数記載なし）。
2――津田類「華やかに理想の女性像」、『演劇界』一九九一年一二月臨時増刊、一〇六頁。

たい。

【中期】国際派グランプリ女優（一九五一〜五七年）：『源氏物語』から『八月十五夜の茶屋』まで

肉体派女優としての京マチ子の演技が、相手に向かって押しまくる発散型の演技だったとすれば、『羅生門』がヴェネツィアで金獅子賞を受賞して以降、国際映画祭に照準して製作された超大作での京マチ子の演技は、ひたすら引いて相手を受け入れる集束型になったといえるだろう。前者を「動の演技」とするなら、後者は「静の演技」である。

中期の国際派路線での彼女は、前近代や戦前の古典的で封建的な日本女性を多く演じるようになった。まるで肉体派女優が日本の恥部であるかのように、高貴な伝統的日本のイメージを追求しはじめたのである。いうまでもなくそれは、欧米を中心とする外部の眼を意識してのことだった。

明治以降、近代化を推し進めてきた日本にとって、西洋に認められることは何より重要だった。敗戦とともに国際社会から転落して居場所を失った日本は、五〇年代に入って、軍事力ではなく、文化の力で国際社会にアピールできることがわかり、「美しい」日本を知ってもらおうと躍起になって芸術映画を製作しては国際映画祭に出品した。その最前線へ送り出されたのが、前近代の古典美を体現した京マチ子であった。

注意すべきは、国際派路線を経た彼女が、国内の作品において初期の肉体派路線に回帰することはなかったという点である。国際派路線以降の京マチ子は、「高貴な」役柄を演じることを課せられ、格調高さを身にまとうようになった。踊り子を演じた「肉体映画」であっても、初期にあった卑俗なエロティシズムとは違ったイメージが志向されたのである。また、彼女が国際派路線をひた走っていたこの時期に、国内向けに撮影さた「文芸映画」――たとえば『馬喰一代』『あにいもうと』『浅草の夜』など――では、躍動する身体や暴力的なパフォーマンスによって、原作の世界を京マチ子の世界に塗り替えていった。

「国際派グランプリ女優」としての京マチ子は、豊満な肉体や肌をさらけ出すわかりやすい色気ではなく、肌を露出させることのない別種の色気を帯びていく。「肉体派ヴァンプ女優」としての京マチ子は、浅草などを舞台に下層社会を生きる踊り子を演じることが多かった。カストリ文化を享受して生きる国内の観客を意識していたからである。「国際派グランプリ女優」としての彼女は、古都に暮らす上流階級の古典的な日本女性や、肉体を覆い隠し、スクリーンを静的に運動する、しとやかな封建的女性を演じるようになった。すでに述べたように、このイメージの転換を可能にしたのは、映画以外の、ファン雑誌などのメディアが作り上げていった京マチ子のパーソナリティである。

中期の代表的な作品をあげるなら、ヴェネツィアとカンヌでのグランプリ受賞を果たし、「静の演技」を印象づけた『雨月物語』と『地獄門』、そしてハリウッドへ進出した『八月十五夜の茶屋』である。京マチ子が長年希望していたコメディエンヌとしての側面を開花させたのが、

『八月十五夜の茶屋』であった。

【後期】演技派カメレオン女優（一九五七〜六三年）：『いとはん物語』から『女系家族』まで

初期は「動の演技」、中期は「静の演技」であったが、後期になって京マチ子のスクリーン・イメージで顕著になるのは「喜／怒の演技」である。

『八月十五夜の茶屋』の出演以降、美人女優というレッテルから解放され、『いとはん物語』では永田雅一から醜女として売り出してもいいという許可が下りた。それ以降の彼女は、熟練のパフォーマンスとどのようなタイプにでも成り代わる顔を武器に、演技派女優として数々のフィルムに出演するようになる。

眉毛や目を化粧で変化させ、ヘアースタイルやファッションもキャラクターごとに使い分けたその〈変身〉は見事なもので、「カメレオン女優」としての才能を開花させた彼女は、出演作で頻繁に「七変化」するようになる。人情喜劇からサスペンス・ミステリー、ミュージカルから文芸映画まで、ジャンルを横断して、幅広い役を演じ分けていった。そのなかにあって、大映の看板スターである山本富士子や若尾文子と共演／競演した作品群はとくに目を引く。

喜劇性を活かして、底抜けに明るいお人好しを演じた『いとはん物語』や『大阪の女』の系譜がある一方で、『夜の蝶』や『夜の素顔』、『女系家族』など、嫉妬や虚栄心が渦巻く世界を描いた作品で見せる、激情型のパフォーマンスはいつ観てもスリリングである。バーのマダムやファッション・デザイナーなど社会階層が比較的高い世界で情念や執念、狂気をむき出しにして熾烈な闘いを繰り広げる役は、後期の京マチ子の独擅場であった。

この時期には、『鍵』や『足にさわった女』、『婚期』などで、初期のヴァンプ女優の要素を引き継ぎながらも、肉体からエロスが漏出し、大人の色香が画面から漂うような中年女性を演じている。初期に見られた生硬さはなくなり、その熟練したパフォーマンスを見れば、スター女優から本格的な「映画女優」へと進化したことが見て取れるだろう。

【晩期】映画・テレビ・舞台女優（一九六四年以降）：『甘い汗』から『化粧』まで

京マチ子は一九六三年から六四年にかけて、決定的な転機を迎えた。六三年一一月には大阪の新歌舞伎座、六四年三月には東京の明治座と、舞台出演を果たしたのである。そして六四年七月には『あぶら照り』で、初のテレビドラマ出演を果たしている。

それだけではない。ハリウッド映画を除けば、従来、大映以外の映画には出演したことのなかった彼女が、他社の作品に出演したのだ（戦中の松竹映画二本も除く）。テレビドラマ『あぶら照り』が反響を呼び、その勢いを駆って、『甘い汗』というタイトルで映画化された。監督は豊田四郎、製作は東京映画、配給は東宝である。この作品で彼女は、キネマ旬報女優賞と毎日映画コンクール女優主演賞を受賞する。

つまり、六三年から六四年にかけて、京マチ子は大映デビュー以後、初の舞台を踏み、テレビドラマ初出演を経験し、他社の映画にはじめて本格的に出演したのである。

これ以降、大映に加えて東宝系での映画出演の機会も増える。とはいえ、まったく映画に出ない年も増えていき、映画よりも舞台やテレビでの活躍が続いた。七一年に大映が倒産したこともあって、それ以降、テレビのホームドラマで母親役を演じることが多くなり、それと並行して舞台にも頻繁に出るようになった。テレビドラマ『家路ＰＡＲＴ２』（一九七九〜八〇年）では主演を務め、八〇年代に入ってからは、必殺シリーズの第一六作『必殺仕舞人』（一九八一年）でも主役を演じた。とはいえインタビューでは、自分のことを「映画女優」だと言い切っており、時代とともに映画が衰退していくのを誰よりも悲しんでいた。

一九八四年に公開された『化粧』（池広一夫）を最後に、その後の出演作はない。『化粧』を最後に引退したのは、偶然にしてはできすぎているように思う。〈変身〉する映画女優、変幻自在の京マチ子の映画史を振り返ると、メーキャップは彼女にとって必要不可欠な技術だったからである。

2　京マチ子は日本のマリリン・モンローである

溝口健二の遺作『赤線地帯』（一九五六年）で京マチ子はアプレ娼婦を演じたが、この作品には、道楽者の父親が突然、吉原まで訪ねてきたのを彼女が追い返し、涙を流した後、けろっとして

「一風呂浴びて、マリリン・モンローでも見てきたろ！」と言い放つシーンがある。

谷崎潤一郎の『痴人の愛』でナオミは、アメリカの女優、メアリー・ピックフォードと二重写しにされ、ナオミ自身、映画館に足繁く通って、アメリカ女優たちの所作を熱心に取り入れていたが、アプレ娼婦の京マチ子はこのシーンの後、映画館に行ってマリリン・モンローを観たのだろうか。『赤線地帯』のこのシークェンスは、「ヴィーナスや」「八頭身や」といって、西洋的な美に自らを重ね合わせる自由奔放な京マチ子が態度を一変させる場面である。彼女が一瞬、母親想いの純情娘としての顔（すなわちアヴァンな内面）を露呈させるのだ。

かねてから喜劇映画に出たいと繰り返し述べていた京マチ子は、『いとはん物語』で醜女役を演じ、スクリューボール・コメディ『八月十五夜の茶屋』でコメディエンヌとして新境地を開いた。両作品が公開される直前のインタビューでは「私は絶対に肉体女優じゃない」と、次のように語っている。

それ〔肉体女優〕は過去のひとつのレッテルだと思うの。そういうレッテルを自分ではりつけてみたこともありますけど、私は絶対に肉体女優じゃない。きのうマリリン・モンローの「バス停留所」を見ましたが私のモンロー観は、〝女らしくて、かわいい〟演技で強い印象を残す唯一の女優さん――につきますね。性的魅力や肉体派を感じる人が多いっていうこととと別のものを私はいつもモンローに感じるんです。[3]

京マチ子は、『赤線地帯』という虚構の世界でも現実の世界でも、マリリン・モンローを映画館で観ていたのである。このインタビューでの彼女の語りからは、肉体派女優というレッテルを貼られてきた自分とマリリン・モンローを重ね合わせていることが読み取れる。

いうまでもなくマリリン・モンローは、ハリウッド映画の伝説化したセックス・シンボルだ。美人だが中身のない金髪女性――ダム・ブロンドと形容された。保守的な当時のハリウッドで、彼女はスクリーンに過剰なエロスをもたらした。腰を振って歩くモンロー・ウォーク、風でめくれ上がる白のスカートを艶然と微笑みつつ押さえる「尻軽」なイメージ。マリリンの振る舞いは、多くの観客から性的なまなざしで見られた。

初期の京マチ子は、どこかマリリン・モンローと似ているところがある。肉体美を誇り、男を誘惑する軽佻浮薄さ。事実、『牝犬』で助監督を務めた齋村和彦は、「知性とか理性とは別の、烈しい性格の役。悪くいえば白痴美みたいなものを狙って」監督は演出したと述べている[4]。この「白痴美」という言葉は、次の批評にも見られるように、「肉体派ヴァンプ女優」の時代にしばしば彼女に対して用いられたものだ。

京マチ子の魅力は、その張りきった肉体と、それから発散する色っぽさであろう。いわゆるエロが彼女の圧倒的人気の所以である。彼女からはおよそ知性らしいものは感じられないが、そこがまた捨身になれるというところで、分別臭さなどは爪の垢ほども見られない。白痴美などといわれるのもそこらあたりからであろうが、公衆の前に自分の肉体をさらす役者というものは、大なり小なり白痴美的精神を備えていると見て間違いない。[5]

彼女がハリウッド映画デビューを飾った一九五七年、ニューヨークで発行されていた新聞（New York World-Telegram）に京マチ子の写真が掲載され、次のような文言が添えられていたという。「京マチ子は日本で一番美しい足をもっている女優で、日本のマリリン・モンローである」（『毎日新聞』一九五六年一一月二〇日付）。

確かにスクリーンにおける二人のイメージには類似点が多い。一九二四年生まれの京マチ子、一九二六年生まれのマリリン・モンロー。二人は同時代人である。一九四九年に大映からデビューし、『痴人の愛』をきっかけに一躍スターダムに駆け上った京マチ子に対して、終戦直後に端役を何本か経験し、五〇年代初頭に一挙に高い人気を得たマリリン・モンロー。彼女たちの活躍の時期はほとんど重なっている。グラマラスな肉体によるセックス・アピール。二人は男を虜(とりこ)にして堕落させる「宿命の女(ファム・ファタール)」だった。

3――「京マチ子の新しい不安」、『週刊東京』一九五六年一二月八日号、五二頁。
4――「京マチ子の秘密」、『映画新潮』一九五一年一一月号、一三頁。
5――「街の人物評論　京マチ子」、『中央公論』一九五二年一一月号、一三〇頁。

かつて生活のために撮ったヌード写真の存在が明らかになったマリリン・モンローは、契約する映画会社から赤の他人だと主張するよう命じられたが、それを拒絶して堂々と認めた。ストリッパー役をあてがわれたとき、彼女は撮影現場に行かなかった。その後、二〇世紀フォックスを辞めて、自分のプロダクションを設立した。彼女は男たちの単なる性的対象ではなく、「抵抗」の主体だった。演技に自信がなく、高校中退という学歴のマリリンは、劣等感の塊だった。知性と教養に欠ける女というイメージを押し付けられた彼女は、読書に没頭し、世界的なスターになったにもかかわらず、ニューヨークのアクターズ・スタジオの生徒になった。「アーティストになりたい」といって必死に演技を学んだのである。

肉体ブームで自由と解放が求められた時代に、京マチ子は、肉体を惜しげもなくエロティックに露出し、その官能的な肉体美で、次々に男たちを屈服させた。彼女の豊満な肢体から繰り出される妖艶なイメージは、女性のジェンダー・セクシュアリティ規範がきわめて封建的だった戦前・戦中に対する明確なアンチテーゼとなった。それほど京マチ子の華やかな肉体は、自由と解放の戦後社会のなかで輝きを放ち、強烈な刺激でもって過去のしがらみを断ち切ったのである。だが、初期の「肉体派ヴァンプ女優」のイメージを誰よりも嫌っていたのは、彼女自身だったかもしれない。

二人とも与えられたレッテルを剝がして、殻を破ろうとした。アメリカのスター女優は三六歳という若さでこの世を去ってしまう。日本のスター女優は『赤線地帯』でマリリン・モンローを映画館に観に行った翌年、ハリウッド映画にデビューし、コメディエンヌとしての才能を発揮し、続く『いとはん物語』で「白痴美」の肉体派女優とは完全に決別した。

抜群のプロポーションと肉体美を誇り、国際派スターとなった彼女たちの人生は途中からずれていく。一方はハリウッドという巨大な生産工場の波に飲み込まれ、私生活では一人でいることに耐えられず、つねに相手を求めた。ずっと望んでいた子供を授かることが叶わず、自殺未遂を繰り返し、精神病院で暮らした。彼女が三二歳のときに撮影されたビリー・ワイルダーの『お熱いのがお好き』(一九五九年)でも頭が弱くセクシーなブロンド役、初期からつきまとった役柄のイメージから脱することはできなかった。マリリン・モンローの人生は、刹那的なスクリーンの輝きと圧倒的な悲劇に包まれて幕を閉じた。

他方、日本映画の黄金時代と一緒に生き、数年にしてアメリカン・ドリームさながら、国際的な知名度まで獲得した映画女優・京マチ子は、ゴシップもスキャンダルも皆無、生涯をかけて芸に生きた。彼女はマリリンが憧れた「演技派」女優の道をひたすら突き進んだ。女の醜さも強欲も、純粋さも悲哀も、あらゆる感情を表現した。

「京マチ子は日本のマリリン・モンローである」ともいわれたように、一見すると二人のセクシャルな肉体美は似ているところが少なくない。だが、スターとしてのペルソナを初期から振り返ってみると、二人が画面に投影するイメージには、決定的な違いがある。

セックス・シンボルと呼ばれたマリリンの肉体やその存在感には「力強さ」がなかった。それに対して京マチ子が妖艶なエロスと同時に兼ね備えていたのが、暴力的で破壊的な肉体の強度であった。スクリーンを所狭しと動き回って、だれかれ構わず立ち向かっていく暴力的なパフォーマンス。女性らしさ（フェミニニティ）と男性らしさ（マスキュリニティ）を合わせもつ唯一無二のペルソナ——京マチ子という映画女優のスクリーン・イメージには、極上の美と破壊性が共存していたのである。

悪女と淑女——。映画という虚構と、雑誌等で作り上げられた「真実の姿」。そうした相反するイメージが並立し、引き裂かれたイメージに観客は幻惑された。ヴァンプから醜女、喜劇からシリアスな役まで、何でもやった。まさに変幻自在な映画女優だった。『羅生門』で京マチ子を演出した黒澤明は、彼女の顔の特徴は「古風なところ」にあって、「能でいうと古面の顔」だと指摘したという。[6]

彼女のペルソナには、前近代の封建的な規範も、戦後の自由や解放の理念も、そして未来の理想的なイメージも同時に映し出すような潜在力を秘め、さまざまな人間の顔を包摂する力があったのだと思う。その力は、いかにして生まれてきたのだろうか。ジャーナリストの阿部真之助が京マチ子の偉大さについて触れた文章を最後に引用しておきたい。

> よってそれらの意見などを綜合して考えてみると、つまりかの女の偉大さは、平凡の中から生れてくるというのにつきているようである。趣味もない、道楽もない、持てるものは何

もない白紙のようなものである。白紙だから、その上に思うような文字を書き現わすことができるのだ。紙に色がついていたら、文字に消されて、紙の上に浮び出すことができないであろう。

概ねの俳優は芸を生かすに、己れを捨てることに努力しなければならない。だがかの女には捨てるべき己れがないのだ。ただ一筋にカメラに立ち向えば足るのである。かの女には細心に工夫した技巧はみられない。全身的の体当りでたくまずして観客の心を魅了するのであった。かの女には監督の指揮のままに、ためらいも、恥じらいもなく、危険な場面に、恥ずかしいような場面に、からだを投げこむことができた。そうした力のボリュームが、観客の心を圧倒しなければやまないのであった。[7]

6――池田哲郎『雲の切れ間より――映画女優の生活と意見』徳島書房、一九五四年、八五頁。
7――阿部真之助『現代女傑論――現代日本女性を代表する十二人』朋文社、一九五六年、二八三頁。

あとがき

本書は、京マチ子の映画女優論である。京マチ子映画との出会いなど「あとがき」めいたことは「はじめに」に組み込んであるので、ここではあえて触れない。二〇一七年に私は『スター女優の文化社会学――戦後日本が欲望した聖女と魔女』という書物を刊行した。そこでも原節子とともに京マチ子を取り上げている。とはいえ本書とはアプローチがまったく違う。前著で論じたのは、映画スターを通した文化と社会、いわば「戦後論」であった。それに対して本書は、そういった文化的背景を踏まえたうえでの「女優論」である。

前著の終章で私は、今度は「彼女たちのパフォーマンスそのものと向き合いたい」と記した。つまり、女優論として〈変身〉する京マチ子について書きたい、という次の「課題」を掲げていたわけだ。それが結実したのが本書ということになる。同時期の戦後日本を相補的に浮かび上がらせるという意味では、個人的に「姉妹編」だと思っている。といっても映画の黄金期に量産されたプログラム・ピクチャーの「添え物」的な作品ではない。どちらも「長編映画」を撮るつもりで執筆したので、ぜひ合わせて読んでいただきたい。

本書の企画が始動したのは二〇一八年三月。そこではじめて担当編集者である石島裕之さんにお会いしたから、ちょうど一年間におよぶプロジェクトだったことになる。実際の執筆には半年近くを要した。この期間、寝る間を惜しんでひたすら書いた。資料調査に行ったアメリカのホテルで何度も原稿のやり取りをした日々が、いま懐かしく思い出される。一章ごとに原稿を送り、それにコメントをいただき何度も修正しては送り返した。励ましのメールとご助言のおかげで、異国の地にいても多忙な日常に戻っても、モチベーションを維持することができた。けれども、こうしたやり取りは、怠惰な私のせいで予定が狂い、校正段階に入って激変する。

インターネットが普及して、編集者の「顔」が見えない原稿や校正のやり取りが多いなか、私は石島さんと何度もお会いした。早朝や夜遅く、何度もゲラを最寄駅まで届けてくださり、私も都内各所に届けに行った。校正したゲラをその日に届けないと間に合わないほどで宅配便より手渡しの方がはやいからだ。いま振り返ってみても恐ろしい日々だが、平成最後の年にこうした貴重な経験ができたのは至極幸せなことだったのかもしれない（振り回された石島さんにとっては甚だ迷惑な話だが）。いつも支えて執筆を後押ししてくれた石島さんに心から感謝の念を捧げたい。この素敵な出会いを導いてくれたのは、女優論の先輩であり東京大学大学院のゼミの先輩でもあった田村千穂さんである。京マチ子論を出版したいという想いを受け止め、筑摩選書で彼女の魅力的な著書を担当した石島さんを紹介してくださった。記してお礼申し上げる。

昨年は、私淑していた四方田犬彦先生と川島雄三の本でご一緒し、お酒を酌み交わすことができた。畏敬する映画研究者に素敵な帯文を寄せていただいたこと、まったく身に余る光栄である。記して深く感謝申し上げたい。下村健さんにはいつも多くの資料を提供していただき感謝の念に堪えない。また二〇一九年二月の「京マチ子映画祭」を企画されたKADOKAWAの原田就さんには、一緒に京マチ子を盛り上げたいというご連絡をいただき、本書の装幀では大変お世話になった。奇しくも映画祭と同年同月の刊行、運命的なものを感じるとともに業界を越えて連携できることの喜びを味わった。他にもお礼を述べたい人は多いが、紙面の都合上省かせていただく。二〇一八年はほとんど人に会うことができなかったので、これから直接お礼を伝えに行きたいと思う。土日も書斎にこもって負担をかけてしまった妻と寂しい思いをさせた三人の子供たちには、感謝というより申し訳なさが募るばかりだが、これから罪滅ぼしをさせてほしい。

最後になるが、改めて企画を実現し、完成まで導いてくださった筑摩書房の石島裕之さんに深謝申し上げる。むろん文責は私にあるが、映画のように一緒に作り上げた「作品」という気がしてならない。本当にありがとうございました。

世紀の大女優・京マチ子さんへ捧ぐ

二〇一九年一月

北村 匡平

京マチ子フィルモグラフィ

※出演は京マチ子を除く

◎一九四四年

1『**天狗倒し**』（松竹下加茂／一九四四年二月一〇日）
監督：井上金太郎、小坂哲人／原作：大佛次郎／脚色：比佐芳武、秋篠珊次郎／撮影：齋藤正夫／音楽：東重郎　出演：佐分利信、細川俊夫、沢村國太郎、尾上菊太郎、桑野通子

2『**団十郎三代**』（松竹下加茂／一九四四年六月二二日）
監督：溝口健二／製作：マキノ正博／原作：加賀山直三／脚本：川口松太郎／撮影：三木滋人／音楽：彩木暁　出演：田中絹代、河原崎権十郎、飯塚敏子、沢村晃夫、坂東好太郎

◎一九四九年

3『**最後に笑う男**』（大映京都／一九四九年二月二八日）
監督：安田公義／脚本：柳川真一／撮影：石本秀雄／音楽：西梧郎　出演：滝沢修、二本柳寛、日高澄子、藤井貢、加東大介

4『**花くらべ狸御殿**』（大映京都／一九四九年四月一七日）
監督：木村恵吾／脚本：木村恵吾／撮影：牧田行正／音楽：服部良一　出演：水ノ江瀧子、喜多川千鶴、暁テル子、柳家金語楼、大伴千春

5『**地下街の弾痕**』（大映京都／一九四九年五月二日）
監督：森一生／脚本：柳川真一／撮影：石本秀雄／音楽：深井史郎　出演：二本柳寛、志村喬、高田稔、菅井一郎、近衛敏明

6『**三つの真珠**』（大映京都／一九四九年六月二〇日）
監督：安達伸生／原作：久米正雄／脚本：安達伸生／撮影：竹村康和／音楽：大澤寿人　出演：喜多川千鶴、日高澄子、龍崎一郎、桜英子、沢村貞子

7『**痴人の愛**』（大映京都／一九四九年一〇月一六日）
監督：木村恵吾／原作：谷崎潤一郎／脚本：木村恵吾／撮影：竹村康和／音楽：飯田三郎　出演：宇野重吉、森雅之、菅井一郎、三井弘次、清水将夫

8『**蛇姫道中**』（大映京都／一九四九年一二月二七日）
監督：木村恵吾／原作：川口松太郎／脚本：依田義賢、木村恵吾／撮影：竹村康和、宮川一夫／音楽：飯田三郎　出演：大河内傳次郎、長谷川一夫、山田五十鈴、横山エンタツ、柳家金語楼

◎一九五〇年

9『**続蛇姫道中**』（大映京都／一九五〇年一月三日）
監督：木村恵吾／脚本：依田義賢、木村恵吾／撮影：竹村康和、宮川一夫／音楽：飯田三郎　出演：大河内傳次郎、長谷川一夫、山田五十鈴、横山エンタツ、柳家金語楼

10『遙かなり母の国』（大映京都／一九五〇年三月五日）
監督：伊藤大輔／原作：川口松太郎／脚本：依田義賢／撮影：石本秀雄／音楽：伊福部昭　出演：早川雪洲、山田五十鈴、二本柳寛、三島雅夫、加東大介

11『浅草の肌』（大映東京／一九五〇年四月一五日）
監督：木村恵吾／製作：小川吉衛／原作：濱本浩／脚色：木村恵吾、岸松雄／撮影：相坂操一／音楽：飯田三郎　出演：二本柳寛、藤間紫、若杉須美子、小柳ナナ子、菅井一郎

12『美貌の海』（大映／一九五〇年四月二九日）
監督：久松静児／原作：舟橋聖一／脚本：舟橋聖一、館岡謙之助／撮影：高橋通夫／音楽：斎藤一郎　出演：水戸光子、小沢栄、星美千子、藤川豊彦、清水将夫

13『復活』（大映／一九五〇年六月一〇日）
監督：野淵昶／製作：辻久一／脚本：依田義賢／撮影：武田千吉郎／音楽：深井史郎　出演：小林桂樹、滝沢修、北河内妙子、三津田健、大伴千春

14『羅生門』（大映／一九五〇年八月二六日）
監督：黒澤明／製作：箕浦甚吾／原作：芥川龍之介／脚本：黒澤明、橋本忍／撮影：宮川一夫／音楽：早坂文雄　出演：三船敏郎、森雅之、志村喬、千秋実、加東大介

15『火の鳥』（大映東京／一九五〇年九月二三日）
監督：田中重雄／製作：加賀四郎／原作：川口松太郎／脚本：野田高梧／撮影：高橋通夫／音楽：近衛秀麿、齋藤一郎　出演：長谷川一夫、藤田進、三條美紀、三島雅夫、小沢栄

◎一九五一年

16『偽れる盛装』（大映京都／一九五一年一月一三日）
監督：吉村公三郎／製作：亀田耕司／脚本：新藤兼人／撮影：中井朝一／音楽：伊福部昭　出演：藤田泰子、菅井一郎、進藤英太郎、柳恵美子、北河内妙子

17『恋の阿蘭陀坂』（大映東京／一九五一年三月三日）
監督：鈴木英夫／製作：箕浦甚吾／脚本：松田昌一／撮影：渡邊公夫／音楽：斎藤一郎　出演：菅原謙二、北河内妙子、浦辺粂子、千秋実、植村謙二郎

18『自由学校』（大映東京／一九五一年五月五日）
監督：吉村公三郎／製作：服部静夫／原作：獅子文六／脚本：新藤兼人／撮影：中井朝一／音楽：仁木他喜雄　出演：木暮実千代、小野文春、藤田進、大泉滉、山村聰

19『情炎の波止場』（大映京都／一九五一年六月八日）
監督：安田公義／脚本：新藤兼人、棚田吾郎／撮影：今井博／音楽：伊藤宣二　出演：藤田進、柳永二郎、三井弘次、寺島雄作、橘公子

20『牝犬』（大映東京／一九五一年八月一〇日）
監督：木村恵吾／脚本：成澤昌茂、木村恵吾／撮影：山崎安一郎／音楽：飯田三郎　出演：志村喬、久我美子、加東大介、根上淳、北林谷栄

21『源氏物語』（大映京都／一九五一年一一月二日）
監督：吉村公三郎／製作：永田雅一／脚本：新藤兼人／撮影：杉山公平／音楽：伊福部昭　出演：長谷川一夫、大河内傳次郎、

木暮実千代、水戸光子、乙羽信子

22『馬喰一代』（大映東京／一九五一年一二月七日）
監督：木村恵吾／原作：中山正男／脚本：成澤昌茂、木村恵吾／撮影：峰重義／音楽：早坂文雄　出演：三船敏郎、志村喬、菅井一郎、市川春代、星光

◎一九五二年

23『浅草紅団』（大映東京／一九五二年一月三日）
監督：久松静児／原作：川端康成／脚本：成澤昌茂／撮影：高橋通夫／音楽：松井八郎　出演：根上淳、乙羽信子、岡譲二、杉狂児、河村黎吉

24『長崎の歌は忘れじ』（大映東京／一九五二年三月二七日）
監督：田坂具隆／原作：田坂具隆／脚色：沢村勉／撮影：伊佐山三郎／音楽：早坂文雄　出演：アーリントン・ロールマン、久我美子、根上淳、滝沢修、東山千栄子

25『踊る京マチ子　歌ふ乙羽信子』（大映／一九五二年四月三日）
出演：乙羽信子、高松英郎、潮万太郎、藤田進、菅原謙二

26『滝の白糸』（大映東京／一九五二年六月一二日）
監督：野淵昶／原作：泉鏡花／脚本：依田義賢／撮影：宮川一夫／音楽：伊福部昭　出演：森雅之、星美智子、浪花千栄子、進藤英太郎、殿山泰司

27『美女と盗賊』（大映東京／一九五二年九月二三日）
監督：木村恵吾／原作：芥川龍之介／脚本：八木隆一郎、木村恵吾／撮影：山崎安一郎／音楽：早坂文雄　出演：森雅之、三國連太郎、菅井一郎、北林谷栄、東野英治郎

28『大佛開眼』（大映京都／一九五二年一一月一三日）
監督：衣笠貞之助／製作：永田雅一／原作：長田秀雄／脚本：八木隆一郎／撮影：杉山公平／音楽：團伊玖磨　出演：長谷川一夫、大河内傳次郎、水戸光子、小沢栄、日高澄子

29『彼女の特ダネ』（大映東京／一九五二年一二月二九日）
監督：仲木繁夫／原作：今日出海／脚本：棚田吾郎、舟橋和郎／撮影：相坂操一／音楽：浅井擧曄　出演：若尾文子、船越英二、小杉勇、菅原謙二、三宅邦子

◎一九五三年

30『雨月物語』（大映京都／一九五三年三月二六日）
監督：溝口健二／製作：永田雅一／原作：上田秋成／脚本：川口松太郎、依田義賢／撮影：宮川一夫／音楽：早坂文雄　出演：田中絹代、森雅之、小沢栄、水戸光子、青山杉作

31『黒豹』（大映東京／一九五三年六月一七日）
監督：田中重雄／原作：小泉譲／脚本：田邊朝二、齋村和彦／撮影：渡邊公夫／音楽：飯田三郎　出演：菅原謙二、三益愛子、菅井一郎、信欣三、高松英郎

32『あにいもうと』（大映東京／一九五三年八月一九日）
監督：成瀬巳喜男／原作：室生犀星／脚本：水木洋子／撮影：峰重義／音楽：斎藤一郎　出演：森雅之、久我美子、山本礼三郎、船越英二、浦辺粂子

33『地獄門』（大映京都／一九五三年一〇月三一日）
監督：衣笠貞之助／製作：永田雅一／原作：菊池寛／脚本：衣

笠貞之助／撮影：杉山公平／音楽：芥川也寸志　出演：長谷川一夫、山形勲、黒川弥太郎、坂東好太郎、田崎潤

◎一九五四年

34『或る女』（大映東京／一九五四年三月一三日）
監督：豊田四郎／原作：有島武郎／脚本：八住利雄／撮影：峰重義／音楽：團伊玖磨　出演：若尾文子、森雅之、芥川比呂志、夏川静江、船越英二

35『愛染かつら』（大映東京／一九五四年四月二一日）
監督：木村恵吾／原作：川口松太郎／脚本：木村恵吾、田辺朝二／撮影：高橋通夫／音楽：万城目正　出演：鶴田浩二、船越英二、三宅邦子、月丘千秋、伏見和子

36『春琴物語』（大映東京／一九五四年六月二七日）
監督：伊藤大輔／原作：谷崎潤一郎／脚本：八尋不二／撮影：山崎安一郎／音楽：伊福部昭　出演：花柳喜章、杉村春子、船越英二、進藤英太郎、桜緋紗子

37『浅草の夜』（大映東京／一九五四年七月一四日）
監督：島耕二／原作：川口松太郎／脚本：島耕二／撮影：長井信一／音楽：大森盛太郎　出演：鶴田浩二、若尾文子、根上淳、滝沢修、高松英郎

38『千姫』（大映京都／一九五四年一〇月二〇日）
監督：木村恵吾／製作：永田雅一／脚本：八尋不二／撮影：杉山公平／音楽：早坂文雄　出演：菅原謙二、大河内傳次郎、市川雷蔵、山形勲、進藤英太郎

39『馬賊芸者』（大映東京／一九五四年一一月一七日）
監督：島耕二／原作：火野葦平／脚本：島耕二／撮影：高橋通夫／音楽：斎藤一郎　出演：白井玲子、清川虹子、平井岐代子、志村喬、高松英郎

40『春の渦巻』（大映東京／一九五四年一二月二九日）
監督：枝川弘／製作：藤井朝太／原作：小糸のぶ／脚本：棚田吾郎、舟橋和郎／撮影：高橋通夫／音楽：伊福部昭　出演：山本富士子、菅原謙二、南田洋子、船越英二、志村喬

◎一九五五年

41『薔薇いくたびか』（大映東京／一九五五年四月二四日）
監督：衣笠貞之助／製作：永田雅一／原作：小山いと子／脚本：衣笠貞之助、相良準／撮影：渡邊公夫／音楽：斎藤一郎
出演：若尾文子、山本富士子、市川雷蔵、根上淳、南田洋子

42『楊貴妃』
（大映東京＝香港ショウ・ブラザーズ／一九五五年五月三日）
監督：溝口健二／製作：永田雅一、ランラン・ショウ／脚本：陶秦、川口松太郎、依田義賢、成澤昌茂／撮影：杉山公平／音楽：早坂文雄　出演：森雅之、山村聰、進藤英太郎、杉村春子、南田洋子

43『藤十郎の恋』（大映京都／一九五五年六月一五日）
監督：森一生／製作：永田雅一／原作：菊池寛／脚本：依田義賢／撮影：杉山公平／音楽：斎藤一郎　出演：長谷川一夫、柳永二郎、進藤英太郎、小沢栄、加東大介

44『新女性問答』（大映東京／一九五五年八月二三日）
監督：島耕二／製作：藤井朝太／脚本：長谷川公之、島耕二／

撮影：中川芳久／音楽：大森盛太郎　出演：進藤英太郎、菅原謙二、船越英二、矢島ひろ子、八木沢敏

◎一九五六年

45『新・平家物語　義仲をめぐる三人の女』（大映京都／一九五六年一月一五日）
監督：衣笠貞之助／製作：永田雅一／原作：吉川英治／脚本：衣笠貞之助、成澤昌茂、辻久一／撮影：杉山公平／音楽：斎藤一郎　出演：長谷川一夫、山本富士子、高峰秀子、大河内傳次郎、進藤英太郎

46『虹いくたび』（大映東京／一九五六年二月一九日）
監督：島耕二／製作：藤井朝太／原作：川端康成／脚本：八住利雄／撮影：長井信一／音楽：大森盛太郎　出演：上原謙、若尾文子、川上康子、船越英二、川口浩

47『赤線地帯』（大映東京／一九五六年三月一八日）
監督：溝口健二／製作：永田雅一／脚本：成澤昌茂／撮影：宮川一夫／音楽：黛敏郎　出演：若尾文子、三益愛子、木暮実千代、菅原謙二、川上康子

48『月形半平太　花の巻　嵐の巻』（大映京都／一九五六年一〇月一七日）
監督：衣笠貞之助／製作：永田雅一／原作：行友李風／脚本：衣笠貞之助、犬塚稔／撮影：杉山公平／音楽：斎藤一郎　出演：長谷川一夫、山本富士子、市川雷蔵、菅原謙二、木暮実千代

◎一九五七年

49『八月十五夜の茶屋』（ＭＧＭ／一九五七年一月四日）
監督：ダニエル・マン／製作：ジャック・カミングス／原作：ヴァーン・スナイダー／脚本：ジョン・パトリック／撮影：ジョン・アルトン／音楽監修：ソール・チャップリン　出演：マーロン・ブランド、グレン・フォード、エディ・アルバート、ポール・フォード、根上淳

50『いとはん物語』（大映東京／一九五七年一月一五日）
監督：伊藤大輔／製作：永田雅一／原作：北条秀司／脚本：成澤昌茂／撮影：高橋通夫／音楽：伊福部昭　出演：鶴田浩二、東山千栄子、矢島ひろ子、市川和子、小野道子

51『スタジオはてんやわんや』（大映東京／一九五七年一月一五日）
監督：浜野信彦／製作：永田秀雅／撮影：本間成幹／音楽：大久保徳二郎　出演：船越英二、若尾文子、長谷川一夫、川口浩、山本富士子

52『踊子』（大映東京／一九五七年二月一二日）
監督：清水宏／製作：永田雅一／原作：永井荷風／脚本：田中澄江／撮影：秋野友宏／音楽：斎藤一郎　出演：淡島千景、船越英二、田中春男、藤田佳子、阿井美千子

53『女の肌』（大映東京／一九五七年四月二三日）
監督：島耕二／製作：永田雅一／原作：川口松太郎／脚本：松田昌一／撮影：高橋通夫／音楽：大森盛太郎　出演：淡島千景、根上淳、北原義郎、潮万太郎、市川和子

54『**地獄花**』（大映京都／一九五七年六月二五日）
監督：伊藤大輔／製作：永田雅一／原作：室生犀星／脚本：伊藤大輔／撮影：中川芳久／音楽：伊福部昭　出演：鶴田浩二、市川和子、山村聰、香川良介、小堀明男

55『**夜の蝶**』（大映東京／一九五七年七月二八日）
監督：吉村公三郎／製作：永田雅一／原作：川口松太郎／脚本：田中澄江／撮影：宮川一夫／音楽：池野成　出演：山本富士子、船越英二、山村聰、小沢栄太郎、芥川比呂志

56『**穴**』（大映東京／一九五七年一〇月一六日）
監督：市川崑／製作：永田秀雅／脚本：久里子亭／撮影：小林節雄／音楽：芥川也寸志　出演：菅原謙二、船越英二、川上康子、山村聰、北林谷栄

◎一九五八年

57『**有楽町で逢いましょう**』
（大映東京／一九五八年一月一五日）
監督：島耕二／製作：永田秀雅／原作：宮崎博史／脚本：笠原良三／撮影：秋野友宏／音楽：大森盛太郎　出演：菅原謙二、川口浩、野添ひとみ、叶順子、小野道子

58『**悲しみは女だけに**』（大映東京／一九五八年二月二六日）
監督：新藤兼人／製作：永田秀雅／脚本：新藤兼人／撮影：中川芳久／音楽：伊福部昭　出演：田中絹代、杉村春子、市川和子、望月優子、船越英二

59『**母**』（大映東京／一九五八年三月五日）
監督：田中重雄／製作：永田雅一／脚本：笠原良三／撮影：高橋通夫／音楽：古関裕而　出演：三益愛子、川口浩、船越英二、若尾文子、山本富士子

60『**忠臣蔵**』（大映京都／一九五八年四月一日）
監督：渡辺邦男／製作：永田雅一／脚本：八尋不二、民門敏雄、松村正温、渡辺邦男／撮影：渡辺孝／音楽：斎藤一郎　出演：長谷川一夫、勝新太郎、鶴田浩二、市川雷蔵、山本富士子

61『**大阪の女**』（大映東京／一九五八年五月二五日）
監督：衣笠貞之助／製作：永田雅一／原作：八住利雄／脚本：衣笠貞之助、相良準／撮影：渡邊公夫／音楽：斎藤一郎　出演：中村鴈治郎、船越英二、高松英郎、小野道子、角梨枝子

62『**赤線の灯は消えず**』（大映東京／一九五八年七月一三日）
監督：田中重雄／製作：永田秀雅／脚本：相良準／撮影：渡邊公夫／音楽：古関裕而　出演：野添ひとみ、根上淳、船越英二、小野道子、川上康子

63『**夜の素顔**』（大映東京／一九五八年一〇月一五日）
監督：吉村公三郎／製作：永田雅一／脚本：新藤兼人／撮影：中川芳久／音楽：池野成　出演：若尾文子、根上淳、菅原謙二、船越英二、細川ちか子

64『**娘の冒険**』（大映東京／一九五八年一一月一日）
監督：島耕二／製作：永田雅一／原作：中野実／脚本：長谷川公之／撮影：小原譲治／音楽：大森盛太郎　出演：若尾文子、野添ひとみ、山本富士子、菅原謙二、川口浩

◎一九五九年

65『**あなたと私の合言葉　さようなら、今日は**』

（大映東京／一九五九年一月三日）
監督：市川崑／製作：武田一義／原作：久里子亭／脚本：久里子亭、舟橋和郎／撮影：小林節雄／音楽：塚原哲夫　出演：野添ひとみ、若尾文子、菅原謙二、川口浩、船越英二

66『細雪』（大映東京／一九五九年一月一四日）
監督：島耕二／製作：永田雅一／原作：谷崎潤一郎／脚本：八住利雄／撮影：小原譲治／音楽：大森盛太郎　出演：山本富士子、轟夕起子、叶順子、根上淳、川崎敬三

67『女と海賊』（大映京都／一九五九年四月一日）
監督：伊藤大輔／製作：永田雅一／原作：伊藤大輔／脚本：伊藤大輔、八尋不二／撮影：宮川一夫／音楽：伊福部昭　出演：長谷川一夫、木村功、三田登喜子、弓恵子、毛利郁子

68『夜の闘魚』（大映東京／一九五九年四月二一日）
監督：田中重雄／製作：武田一義／原作：川口松太郎／脚本：川口松太郎／撮影：高橋通夫／音楽：真鍋理一郎　出演：川口浩、山本富士子、船越英二、北林谷栄、芥川比呂志

69『次郎長富士』（大映京都／一九五九年六月二日）
監督：森一生／製作：三浦信夫／脚本：八尋不二／撮影：本多省三／音楽：斎藤一郎　出演：長谷川一夫、市川雷蔵、勝新太郎、若尾文子、山本富士子

70『鍵』（大映東京／一九五九年六月二三日）
監督：市川崑／製作：永田雅一／原作：谷崎潤一郎／脚本：和田夏十、長谷部慶治、市川崑／撮影：宮川一夫／音楽：芥川也寸志　出演：中村鴈治郎、叶順子、仲代達矢、北林谷栄、菅井一郎

71『浮草』（大映東京／一九五九年一一月一七日）
監督：小津安二郎／製作：永田雅一／脚本：野田高梧、小津安二郎／撮影：宮川一夫／音楽：斉藤高順　出演：中村鴈治郎、若尾文子、川口浩、杉村春子、野添ひとみ

◎一九六〇年

72『女経』「第三話　恋を忘れていた女」（大映東京／一九六〇年一月一四日）
監督：吉村公三郎／製作：永田雅一／原作：村松梢風／脚本：八住利雄／撮影：宮川一夫、村井博、小林節雄／音楽：芥川也寸志　出演：中村鴈治郎、根上淳、叶順子、川崎敬三、市田ひろみ

73『流転の王妃』（大映東京／一九六〇年一月二七日）
監督：田中絹代／製作：永田雅一／原作：愛親覚羅浩／脚本：和田夏十／撮影：渡邊公夫／音楽：木下忠司　出演：船越英二、金田一敦子、東山千栄子、沢村貞子、三宅邦子

74『ぼんち』（大映京都／一九六〇年四月一三日）
監督：市川崑／製作：永田雅一／原作：山崎豊子／脚本：和田夏十、市川崑／撮影：宮川一夫／音楽：芥川也寸志　出演：市川雷蔵、若尾文子、中村玉緒、草笛光子、越路吹雪

75『三人の顔役』（大映東京／一九六〇年七月一〇日）
監督：井上梅次／製作：永田雅一／脚本：斉藤良輔、井上梅次／撮影：小林節雄／音楽：河辺公一　出演：長谷川一夫、川口浩、菅原謙二、野添ひとみ、勝新太郎

76『足にさわった女』（大映東京／一九六〇年八月二四日）
監督：増村保造／製作：永田雅一／原作：沢田撫松／脚本：和田夏十、市川崑／撮影：村井博／音楽：塚原哲夫　出演：船越英二、ハナ肇、杉村春子、大辻伺郎、田宮二郎

77『顔』（大映東京／一九六〇年一〇月八日）
監督：島耕二／製作：永田雅一／原作：丹羽文雄／脚本：衣笠貞之助、島耕二／撮影：小原譲治／音楽：大森盛太郎　出演：池部良、船越英二、柳永二郎、江波杏子、中田康子

78『お傳地獄』（大映東京／一九六〇年一一月三〇日）
監督：木村恵吾／製作：中泉雄光／原作：邦枝完二／脚本：木村恵吾／撮影：石田博／音楽：小川寛興　出演：船越英二、菅原謙二、川崎敬三、水谷良重、殿山泰司

◎一九六一年

79『婚期』（大映東京／一九六一年一月一四日）
監督：吉村公三郎／製作：永田雅一／脚本：水木洋子／撮影：宮川一夫／音楽：池野成　出演：若尾文子、野添ひとみ、船越英二、弓恵子、高峰三枝子

80『濡れ髪牡丹』（大映京都／一九六一年二月八日）
監督：田中徳三／製作：武田一義／脚本：八尋不二／撮影：相坂操一／音楽：塚原哲夫　出演：市川雷蔵、小林勝彦、小桜純子、井上明子、大辻伺郎

81『女の勲章』（大映東京／一九六一年六月二八日）
監督：吉村公三郎／製作：永田雅一／原作：山崎豊子／脚本：新藤兼人／撮影：小原譲治／音楽：池野成　出演：若尾文子、叶順子、中村玉緒、田宮二郎、森雅之

82『小太刀を使う女』（大映京都／一九六一年九月一三日）
監督：池広一夫／原作：村上元三／脚本：依田義賢／撮影：本多省三／音楽：斎藤一郎　出演：中村玉緒、船越英二、小林勝彦、小桜純子、阿井美千子

83『釈迦』（大映京都／一九六一年一一月一日）
監督：三隅研次／製作：永田雅一／脚本：八尋不二／撮影：今井ひろし／作曲：伊福部昭　出演：市川雷蔵、勝新太郎、本郷功次郎、川口浩、川崎敬三

◎一九六二年

84『黒蜥蜴』（大映東京／一九六二年三月一四日）
監督：井上梅次／製作：永田雅一／原作：江戸川乱歩／脚本：新藤兼人／撮影：中川芳久／音楽：黛敏郎　出演：大木実、叶順子、川口浩、三島雅夫、杉田康

85『仲よし音頭　日本一だよ』（大映東京／一九六二年五月一二日）
監督：井上芳夫／脚本：逸見多十／撮影：石田博／音楽：西山登　出演：本郷功次郎、中村鴈治郎、叶順子、三条江梨子、南都雄二

86『女の一生』（大映東京／一九六二年一一月一八日）
監督：増村保造／製作：永田雅一／原作：森本薫／脚本：八住利雄／撮影：中川芳久／音楽：池野成　出演：田宮二郎、叶順子、小沢栄太郎、浦路洋子、東山千栄子

◎一九六三年

87『女系家族』（大映京都／一九六三年三月三一日）

監督：三隅研次／製作：永田雅一／原作：山崎豊子／脚本：依田義賢／撮影：宮川一夫／音楽：斎藤一郎　出演：若尾文子、高田美和、鳳八千代、田宮二郎、中村鴈治郎

◎一九六四年

88『現代インチキ物語　ど狸』（大映京都／一九六四年二月二九日）

監督：田中重雄／原作：北条秀司／脚本：藤本義一／撮影：高橋通夫／音楽：北村和夫　出演：船越英二、中村玉緒、高千穂ひづる、丸井太郎、大辻伺郎

89『甘い汗』（東京映画／一九六四年九月一九日）

監督：豊田四郎／製作：佐藤一郎、椎野英之／脚本：水木洋子／撮影：岡崎宏三／音楽：林光　出演：佐田啓二、桑野みゆき、小沢栄太郎、山茶花究、小沢昭一

◎一九六六年

90『他人の顔』（東京映画＝勅使河原プロダクション／一九六六年七月一六日）

監督：勅使河原宏／製作：堀場伸世、市川喜一、大野忠／原作：安部公房／脚本：安部公房／撮影：瀬川浩／音楽：武満徹　出演：仲代達矢、平幹二朗、岸田今日子、岡田英次、入江美樹

91『沈丁花』（東宝／一九六六年一〇月一日）

監督：千葉泰樹／製作：藤本真澄／原作：松山善三／脚本：松山善三／脚色：千葉泰樹／撮影：中井朝一／音楽：黛敏郎　出演：司葉子、団令子、星由里子、杉村春子、仲代達矢

92『小さい逃亡者』（ソビエト・ゴーリキー撮影所＝大映東京／一九六六年一二月二四日）

監督：衣笠貞之助、エドアルド・ボチャロフ／製作：永田雅一、グリゴリイ・ブリチコフ／脚本：小国英雄、アンドレイ・ビートフ、エミル・ブラギンスキー／原案：小国英雄／撮影：宮川一夫、ピョートル・カターエフ、アレクサンドル・ルイビン／音楽：ボリス・カラミシェフ、エミン・ハチャトゥリヤン　出演：稲吉千春、宇野重吉、安田道代、ボロージャ・ブイコフ、ユーリー・ニクーリン

◎一九六九年

93『千羽鶴』（大映東京／一九六九年四月一九日）

監督：増村保造／製作：永田雅一／原作：川端康成／脚本：新藤兼人／撮影：小林節雄／音楽：林光　出演：若尾文子、平幹二朗、梓英子、南美川洋子、船越英二

◎一九七〇年

94『玄海遊侠伝　破れかぶれ』（大映京都／一九七〇年二月二一日）

監督：マキノ雅弘／原作：笠原和夫／脚本：笠原和夫／脚色：マキノ雅弘、永田俊夫／撮影：牧浦地志／音楽：八木正生　出演：勝新太郎、松方弘樹、安田道代、南美川洋子、津川雅彦

◎一九七四年

95『華麗なる一族』（芸苑社／一九七四年一月二六日）

監督：山本薩夫／製作：佐藤一郎、市川喜一、森岡道夫／原作：山崎豊子／脚本：山田信夫／撮影：岡崎宏三／音楽：佐藤勝　出演：佐分利信、月丘夢路、仲代達矢、田宮二郎、山本陽子

◎**一九七五年**

96『**ある映画監督の生涯　溝口健二の記録**』
（近代映画協会／一九七五年五月二四日）
監督：新藤兼人／製作：新藤兼人／撮影：三宅義行　出演：永田雅一、入江たか子、若尾文子、田中絹代、増村保造

97『**金環蝕**』（大映映画／一九七五年九月六日）
監督：山本薩夫／製作：伊藤武郎／原作：石川達三／脚本：田坂啓／撮影：小林節雄／音楽：佐藤勝　出演：仲代達矢、宇野重吉、三國連太郎、中村玉緒、安田道代

◎**一九七六年**

98『**妖婆**』
（永田プロダクション＝大映映画／一九七六年一〇月一六日）
監督：今井正／製作：永田雅一／原作：芥川龍之介／脚本：水木洋子／撮影：宮川一夫／音楽：真鍋理一郎　出演：稲野和子、児玉清、江原真二郎、志垣太郎、神保美喜

99『**男はつらいよ　寅次郎純情詩集**』
（松竹／一九七六年一二月二五日）
監督：山田洋次／製作：名島徹／原作：山田洋次／脚本：山田洋次、朝間義隆／撮影：高羽哲夫／音楽：山本直純　出演：渥美清、倍賞千恵子、檀ふみ、下條正巳、三崎千恵子

◎**一九八四年**

100『**化粧**』（松竹／一九八四年五月一二日）
監督：池広一夫／製作：脇田雅丈／原作：渡辺淳一／脚本：田中陽造／撮影：坂本典隆／音楽：池野成　出演：松坂慶子、池上季実子、和由布子、柄本明、中井貴一

北村匡平（きたむら・きょうへい）

一九八二年生まれ。現在、東京工業大学リベラルアーツ研究教育院准教授。映画研究／批評・表象文化論・歴史社会学・メディア論。著書に『スター女優の文化社会学――戦後日本が欲望した聖女と魔女』（作品社、二〇一七年）、共編著に『川島雄三は二度生まれる』（水声社、二〇一八年）、『リメイク映画の創造力』（水声社、二〇一七年）などがある。

筑摩選書 0170

美と破壊の女優 京マチ子

二〇一九年二月一五日　初版第一刷発行
二〇一九年五月三〇日　初版第二刷発行

著　者　北村匡平
発行者　喜入冬子
発行所　株式会社筑摩書房
東京都台東区蔵前二-五-三　郵便番号　一一一-八七五五
電話番号　〇三-五六八七-二六〇一（代表）
装幀者　神田昇和
カバー写真提供　KADOKAWA
印刷 製本　中央精版印刷株式会社

 ISBN978-4-480-01677-5 C0374

筑摩選書 0072

愛国・革命・民主

日本史から世界を考える

三谷 博

近代世界に類を見ない大革命、明治維新はどうして可能だったのか。その歴史的経験から、時空を超える普遍的英知を探り、それを補助線に世界の「いま」を理解する。

筑摩選書 0073

世界恐慌（上）

経済を破綻させた4人の中央銀行総裁

L・アハメド
吉田利子 訳

財政再建か、景気刺激か――。1930年代、中央銀行総裁たちの決断が世界経済を奈落に突き落とした。彼らは何をし、いかに間違ったのか？ ピュリッツァー賞受賞作。

筑摩選書 0074

世界恐慌（下）

経済を破綻させた4人の中央銀行総裁

L・アハメド
吉田利子 訳

問題はデフレか、バブルか――。株価大暴落に始まった大恐慌はなぜあれほど苛酷になったか。グローバル経済黎明期の悲劇から今日の金融システムの根幹を問い直す。

筑摩選書 0076

民主主義のつくり方

宇野重規

民主主義への不信が募る現代日本。より身近で使い勝手のよいものへと転換するには何が必要なのか。〈プラグマティズム〉型民主主義に可能性を見出す希望の書！

筑摩選書 0077

北のはやり歌

赤坂憲雄

昭和の歌謡曲はなぜ「北」を歌ったのか。「リンゴの唄」から「津軽海峡・冬景色」「みだれ髪」まで、時代を映す鏡である流行歌に、戦後日本の精神の変遷を探る。

筑摩選書 0078

紅白歌合戦と日本人

太田省一

誰もが認める国民的番組、紅白歌合戦。今なお40％台の視聴率を誇るこの番組の変遷を、興味深い逸話を交えつつ論じ、日本人とは何かを浮き彫りにする渾身作！